「本物」を見抜く力

川北義則

KAWAKITA Yoshinori

ロング新書

はじめに――「見たい」という欲求を大切にする

人間の五つの感覚――視覚、聴覚、嗅覚、触覚、味覚は「考える」という人間的営みの入り口である。とりわけ、視覚＝見るは人間の思考を大きく左右する。

自分の視界にモノやコトが入ってきたとき、生理現象としてただ「見える」で終わってしまうか、それとも、なんらかの意図をもって「見る」姿勢をもつか。

モノやコトに対して「見たい」と思えるか――それによって知的な意味で、自分の「血や肉」になるかどうかが決まる。ただ「見えるだけ」――つまり、モノやコトが網膜に映ったまま放っておくばかりでは、その像は瞬く間に消えてしまう。これは知的な人間の営みとは言えない。

見て、感じて、考えて、そこからモノやコトの本質を見抜くことによって、新しい自分の発見や進歩が生み出されるのだ。

・現実を見る

・実物を見る

・本物を見る

これが、第一歩だ。

一流の「見る眼」は、一流の人生の必須条件である。そのためには「見るべきものを、きちんとした見方で見る」という姿勢を忘れてはならない。

「禽獣《きんじゅう》は食らい、人間は食べる。教養ある人間にしてはじめて食べ方を知る」

フランスの法律家ブリア・サヴァランの食に関する名著『美味礼賛』の一節だが、この「食らい」を「見える」、「食べる」を「見る」、「食べ方」を「見方」と置き換えてみれば、わかりやすいかもしれない。

できる人間は、モノやコトの見方を知っている。そんな人間には、やがて、なにごとにつけ「本当を見抜く眼力」が備わってくる。

私自身、「見たい」「聞きたい」「試したい」という好奇心はいまも旺盛だ。それに好奇心がなくなったら、自分の進歩はないと思っている。映画館、劇場、美術館、コンサート会場はもとより、新しい街や店にしばしば足を運ぶ。行ったことのない国内外の地域への旅なども大好きだ。次々と自分がこれまで見たことのないものを「見たい」「観たい」という願望が湧いてくる。

人づきあいでも同様だ。

私は面白そうな人間の噂を聞けば、「会いたい」「見たい」「話したい」という好奇心に駆《か》られて、なんとかそれを実現しようとする。私はいままでそうやって生きてきた。この飽くなき欲求が、私の進化を支えてきたといっても過言ではない。

だから、何事にも受け身で「見たい」「観たい」という意欲が希薄な人間には、私は魅力を感じない。

食にたとえれば、私にとって食は大いなる人生の楽しみだから、「あれを食べたい、これを食べたい」と一食たりともおろそかにしたくない。だが往々にして、何事にも受け身の人間は、ただ胃袋を満たすだけの行為になっているように感じてしまう。

そんな私だから、先のサヴァランのもう一つの言葉に強い共感を覚える。

「あなたが、ふだんどのようなものを食べているかを言ってごらんなさい。あなたがどんな人であるかを言い当ててみせましょう」

この言葉を私流にアレンジして、こう言ってみたくなる。

「あなたが『何を』『どんなふうに』見てきたかを言ってごらんなさい。あなたがどんな人であるかを言い当ててみせましょう」

食べることと同様に、楽しく、かつ知的で前向きな人生を送ろうと思うなら、「何を、どんなふうに見るか」はとても重要なポイントだ。最低限のカロリーを胃袋に取り入れるだけの人生は、文字通り無味乾燥である。

食事を味わって、楽しんで、心身の栄養にすることと同様に、自分の眼に何を映して、その像から何を導き出すかが、自分の人生の質を高めることにつながるのではないだろうか。

つまり「それは何か?」「それはなぜか?」という「本当」を求める視線が必要だ

ということである。

ただ、モノやコトが頭のスクリーンに映ったままにしておくのではなく、その像に自分の眼の焦点をきちんと合わせて、フィルターを機能させ、頭に取り込み、「咀《そ》嚼《しゃく》」して、「消化」して、「吸収」できるか——。

それができれば、自分にとっての「本当」が見えてくるのである。

川北義則

目次

第3章 仕事ができる人はこの眼力をもっている……75

第6章 「眼力＝洞察力」の養い方……159

第1章

いつも視界が開《ひら》けているか

「見る」と「見える」はまったく違う

そう見えるだけかもしれないが、いつも「ぼんやり」している人がいる。反応が鈍いので、せっかちな私としては、こういう人といるとイライラしてしまう。だから、仕事を一緒にやるのはご遠慮させていただきたいと思う。

人間の五感は、視覚、聴覚、嗅覚、味覚、触覚。どれも欠けては困る機能だが、人間が生きていくうえで、視覚はもっとも重要な機能と言えるかもしれない。

たとえば聴覚に難がある人でも、視覚が機能すれば、読唇《どくしん》や筆談、手話などでコミュニケーションは可能だし、読書やネット検索、スポーツや芸術の鑑賞など、自分のまわりの世界を広げることができる。

もちろん、視覚に難がある人でも、その他の感覚を研ぎ澄ませて人並み以上のことを成し遂げている人がいるのも事実だ。

「見る」「観る」「診る」「看る」「視る」――。

「みる」という言葉ひとつでも、日本語には多くの漢字が使われる。英語でも「Look」「See」「Watch」と異なる。それぞれ「何を対象に、どうみるか」によって使い分けられている。それだけ、人間は視覚をとおして複雑で繊細な行為を行っているということだ。だが悲しいことに、誰にでも平等に与えられた人生の時間なのに、人によっては、ただ「見る」時間だけが大きな割合を占めている場合がある。

「はじめに」でも述べたが、それは「見て感じる、見て考える、見て理解する」ことを怠っているということだ。

そんな人たちにとっては、重要な事柄に対しても「見る」という主体的な行為ではなく、「見える」という生理現象で終わってしまっている。言葉を換えれば「網膜に映っている」だけなのだ。ただ「ボーッと」見えているにすぎない。重要な情報でも、瞬時に消えてしまう。

たとえば、休暇中に海辺で砂浜に寝そべり空を眺めるというのなら、ボーッとするのもいいだろう。しかし日ごろは、「見て感じる、見て考える、見て理解する」クセをつけておくことで、仕事のヒントも含めて物事への理解が深まり、想像力が広がると私は思う。それに、何より新しい発見があったりして楽しいではないか。

興味深い話を聞いたことがある。元プロ野球セントラルリーグの審判員・篠宮愼一《しのみやしんいち》さんの話だ。審判員の知られざる苦労話や選手の興味深い素顔を綴《つづ》ったエッセイ『誰も知らないプロ野球「審判」という仕事』（徳間文庫）の著者である。

「われわれの仕事は、眼が命。だから、新幹線での遠征移動のときも、ボーッとしているわけにはいきません。途中の通過駅では、ホームの駅名表示板を読み取る訓練をしていたものです。動体視力の衰えは死活問題ですからね。現役時代は通過駅の熱海や三島、三河安城《みかわあんじょう》といった駅名もしっかり読めたものです」

だが、篠宮さんは持病の腰痛が悪化し、審判員を辞めざるを得なくなる。そんな彼がサラリーマン生活を始めたころのこと。出張で新幹線に乗ったのだが、通過する表示板の駅名がまったく読めなくなっていることに気がつく。

「新幹線がスピードアップしたのかと思いました。日常生活で視力の低下を感じたことはないので愕然《がくぜん》としましたよ。結局は『読めなきゃクビになる』という緊張感がなくなったからだと悟った次第です」

読もうとする意志、読まなくてはならないという強迫感がなくなれば、自ずと目でモノをとらえる力にも影響力が出るということなのだろう。

こうした篠宮さんのような鍛練は、動体視力の質を求められるモータースポーツのレーサーやアルペンスキーヤー、野球選手なども行っているという。要は、モノをはっきり見ようとする意識が、視力の向上に好影響を与えるということなのだろう。

アスリートや特殊な職業以外の人にも、何かを凝視しようとするこの姿勢は大切なことではないか。つねに「鵜《う》の目鷹《たか》の目」でいろとは言わないが、**ふと気になった人間の行動や現象に対して、実際の目と心の目で、意識的にじっくりと観察して考えてみる時間をもちたい。**

視覚の対象が何であるかは人それぞれだが、ただ網膜に映ったまま放置しておくのではなく、「見て感じる、見て考える、見て理解する＝見つめる」クセをつけておいたほうが、間違いなく役に立つ。

「ボーッと」しているは、「忘《ぼう》っと」している、かもしれない。

いつもと違う視線をもってみる

私は旅が大好きで、思い立ったらときどき一人旅に出かける。国内旅行なら、いい温泉のあるところがいい。だが、いくら思い立ったからといって、予約もせずに出かけることはまずない。

世を忍ぶ身ではないにしても、どこへ行くにも行き当たりばったりでホテルや旅館に飛び込めば、「訳あり」と判断されて宿泊を断られることもあるだろう。だから、事前に電話をして「一人旅好き」「温泉好き」であることを話して相手を安心させる。

そんな一人客だから、宿の女将《おかみ》や仲居さんたちもいろいろと気を遣って話しかけてくれる。少し前のことだが、伊豆・熱川《あたがわ》温泉に一人旅をした。

そこで気づいたのは、中高年のカップルもいるが、四〇代から五〇代の女性グループ客が多いことだ。平日だったが、専業主婦と思《おぼ》しきグループのほかに、仕事をしている三〇代前半の女性と思われるグループもいた。

「最近は、女性グループのお客さまが多いんですよ」

宿の女将に尋ねると、そんな答えが返ってきた。

私自身、女性の社会進出やアクティブな活動には拍手を送っている。また『男を磨く女　女を磨く男』（ＰＨＰ研究所）という本も出し、そのなかで女性の優れた能力を認めない男はダメであるとも主張している。とくに女性の台頭が遅れている日本では、あらゆる分野で活性化のカギを握るのは女性だと確信している。

実際、私が身を置く出版界でも、元気な女性の姿があり、彼女たちが男性以上の活躍をしている会社ほど業績がいい。いま温泉宿にも、そんな風潮が垣間見える。

「今日、お見えになっている女性三人のお客さまも、大学時代のお友だちだそうですが、みなさん独身でいらっしゃるようです。それぞれ仕事をされているんですが、休暇を合わせてお越しいただいたようですよ」

女将が話してくれた何気ない会話だが、こうした旅先の風景に新しい発見がある。

男性に比べて女性が元気であるという情報は、新聞や雑誌でも得ることはできるが、実際にその姿を見聞きすることで、より深く体感できる。こうした発見や体験も、私にとっては、旅の成果である。

・なぜ、女性が元気なのか
・女性はお金をもっている
・オフの時間の楽しみ方を知っている
・働いていても、会社に縛られていない
・仕事のデキる女性は、結婚がすべてではない

こうした雑感が、断片的に浮かんでくる。厳密な統計によるものではないし、偶然、私がそういうグループに多く遭遇したのかもしれない。だが長年、年に何度かそうした旅をしてきた私にとって、これまでになく女性グループをよく見かけるのだ。

こうした「見聞」がもたらす雑感が、私にとっては実に有益だ。そんな雑感から「女性のライフスタイルの変化」や「社会はどう変わるのか」「観光業の新しい戦略」など、社会の移り変わりをどう分析するかという宿題を私に課すのである。

「何でだろう?」

こうした視線をもち続けることは、もちろん日常生活でも心がけている。だが、やはり忙しさにかまけていたり、仕事モードに突入していたりすると、必然的に視線は目先の仕事に関連したことに向かいがちだ。

仕事がオフになる旅先では、知らず知らずのうちに視線はニュートラルになって、とらえる対象が広がりを見せる。「見えてくるもの」が仕事モードのときと違う。見えてくるものは、これまで持ち得なかった新しい発想、新しい観点の入口でもある。

「A straw shows which way the wind blows.」

英語のことわざである。私流に訳せば「一本の麦わらは、風がどこから吹いてくるかを教えてくれる」という感じだろうか。

旅は、ふだん見ることのない風景や人間を見る絶好の機会だ。人間の視線も解放してくれる。見えてくるものは「麦わら」だけではない。「風」も見えるのだ。

日常から離れたものを見ること、日常とは違う視線をもつことは、新しい発見をもたらしてくれる。それは、どんなに小さな旅でも変わらない。

たまに自分がどこにいるか「見渡す」こと

組織のなかの個人とは、流れに乗って走る一台のクルマとは言えないだろうか。

私はクルマを所有しているが、運転はしない。大学生のころは家業の手伝いを口実に、大型バイクを買ってもらい乗り回していたが、社会人になると半端ではない忙しさと酒のつきあいが増えたこともあって、免許の更新はしなかった。

最近は、もっぱら助手席に座ってナビゲーター専門だ。温泉旅行に出かけるときなどは、同行者に自宅に来てもらい、私のクルマで出かける。なかでもよく連れ立って出かける知人の運転は、なかなかうまい。

ふだんの彼は、ちょっと軽率でオッチョコチョイの面もあるのだが、こと運転となると性格が変わる。一般道、高速道路を問わず、彼の運転で助手席に座っていると安心する。

だからといって、ノロノロ運転というわけではない。飛ばすときは飛ばす。東名高速や関越道路を運転する機会が多いのだが、全行程の七割ほどは、いちばん右側の追い越し車線を走っている。

だが、一度、ヒヤッとしたことがある。彼の運転で箱根に出かけたときのこと。クルマは片側三車線の真ん中のレーンを走っていた。

「あれ？　前のトラック、危ない運転してますね。居眠りじゃないかな？」

彼はそうつぶやくと、素早く追い越し車線に車線変更し、そのトラックを追い抜いた。ほどなく、ルームミラーに視線を移しながら、こう言った。

「やっぱり、左に蛇行して壁にこすってますよ」

振り返ると、壁にぶつかって停まっているトラックが遠くに見えた。幸い、後続車を巻き込むような事故ではない様子だったが、追い越すのが何秒かズレていたら危なかった。彼の機転で、事なきを得た。

「よかったね。助かったよ」

そう言いながら、彼に運転の心得を尋ねてみた。すると、意外な言葉が返ってきた。

「初心、忘るべからず、です」

運転歴三〇年以上でいまだに無事故の彼だが、これまでも何度かヒヤッとすることはあったという。

「三カ月、三年、あとは二年刻みくらいですかね」

免許を取ってから三カ月後、三年後に事故を起こしそうになったのだという。それ以後は、二年に一回くらいのサイクルでヒヤリとするケースがあった。

「ですから、ぼくは自動車教習所でのことを、ときどき思い出すことにしています」

私も経験がある。教習所では、クルマに乗り込むところから降りるまで、実に細かく指導される。「そこまでやるか？」というレベルの確認動作を必ず課せられる。

後方確認やルームミラー、サイドミラーなどをきちんと目で確認する動作への点数は厳しい。正直なところ、視線を動かすだけでも十分に確認は可能なのだが、それでは合格点はもらえない。

滑稽《こっけい》なほど大げさに、まるでカメが首を伸ばしてのぞくような動作を求められる。

「ときどき教習所時代を思い出して、自分の首と目を大げさに動かして安全確認するんです。運転に慣れてくると、やっぱり確認動作は甘くなる。そのサイクルが三カ月、三年なんですね」

彼流の安全運転の心得だ。

「安全な運転というのは速度の問題ではないんです。少しスピードが出ていても、車間距離をきちんととって、ミラーを確認していれば事故は起こさない。逆にどんなにゆっくり走っていても、それを怠れば事故を起こす。要は自分のクルマの前後左右に、ほかのクルマ、歩行者、障害物がないかを確認していれば事故は起こしません」

彼いわく「クルマの上を飛んでいるヘリコプターの視野を意識すること」だそうである。そして、つけ加えたのが「クルマの流れに乗ること」だ。

そんな彼の運転を見ていると、ほかの知人に比べて、話しながらいつも視線を動かしていることに気づく。ルームミラー、サイドミラーに、頻繁に視線を移動させているのだ。いわば「キョロキョロ運転」である。

それは、「見渡す視線＝俯瞰《ふかん》する視線」でもある。

この見渡す視線の重要性は、何も運転だけにかぎらないだろう。**何かに集中して、**

一点を見つめることが求められるときもあるが、何事も「自分がどこにいて、どんな状況にいるのか」を見渡してみるという行為を忘れないこと。

いま自分は、この会社のなかで、どんな位置にいて、どんな状況に置かれているのか、仕事の流れのなかでも、ふと立ち止まって自分の位置確認をしてみるのも決してムダではない。冷静に、それを確認することによって、今後の生き方の指針になるかもしれないからだ。第一に、物事の本質が見えてくる利点もある。

さて、運転をお願いしている彼だが、先日、楽しい温泉旅行を終えて自宅の前まで無事帰還したのはよかったが、最後の車庫入れで、サイドミラーをレンガの柱に引っかけたことを付記しておこう。

「ガレージに屋根があったので、俯瞰できませんでした」

生まれてはじめての事故にショックは隠せないようだったが、口だけは達者だ。

ミラーの取り替えで五万円の出費は痛かったが、公道以外での「オッチョコチョイ自損事故」で、被害者は私のクルマだけで済んだのだから、不幸中の幸いである。

悩んだら「他人の見方」に頼ってみる

人間は冷静さを失うと、とかく過ちを犯す。冷静さを失うと、人間はどうなるか。

①一点だけを見て得られた価値判断を、絶対的なものと感じる→客観的な視線がなくなっている

②動転して、無秩序で断片的な不安がいくつも生まれる→時間をかけて整理する視線がなくなっている

冷静さを失った人間の心理は、①か②のいずれかだろう。

「詐欺師の手口は実に巧妙ですよ。まさに立て板に水とばかりに、どんなに儲かるかをまくし立てて、相手の客観的な視線を塞《ふさ》ぐんです。相手を視野狭窄《きょうさく》にしてしまう。ふだん、家族以外にコミュニケーションをとることが少ない高齢者は、『これはいい』と、絶対に儲かると信じてしまうんですね」

親しい弁護士の話だ。「未公開株詐欺」「オレオレ詐欺」などの被害者の相談を受け、いくつかのケースでだまし取られたお金を回収した経験がある。

まずは「極秘のマル得情報」をエサに、相手を①のような心理状態にさせてしまう手口だ。このケースでは、詐欺師には常套句《じょうとうく》があるという。

「大儲けして、お子さんをビックリさせましょうよ。だから、お子さんには絶対に内緒で……」

子どもや孫の「客観的な視線」は、詐欺の成功にとってはいちばん邪魔になる。だから遮断しなければならない。

もう一つは「オレオレ詐欺」の手口。「会社をクビになる」「ヤクザに命を狙われる」「警察に捕まる」などと息子や孫を語り、両親や祖父母の不安を煽《あお》って冷静な判断力を麻痺させる手口だ。麻痺している間に事を済ませなければならない。動転状態にいるうちに、いかに短時間で完結させるかである。これが②の手口。

「相手が動転している隙《すき》に、現金を振り込ませる。あるいは直接取りに行く。『速く、速く』がキーワードです。時間があくと、本人と連絡を取られてバレてしまいますからね」

つまり、「客観的な視線に判断を委《ゆだ》ねる」「時間をおく」という段取りを踏めば、被害者になることは防げるのだ。だが、だからこそ、相手はそうさせないために、さまざまな悪知恵を働かせる。

詐欺の被害に遭った高齢者は、たしかに気の毒である。そういう弱者を食い物にする輩《やから》は人間のクズ、いや人間以下だと私は思う。だが冷静になって、

「そんなにおいしい話が、見ず知らずの他人から、それもよりによって自分のところにくるはずがない」

「自分の子どもや孫が、そんな金の無心をしてくるだろうか」

そう考えてみれば、少なくとも即断、実行は留まるはずである。

そして「誰かに相談してみよう」「本人に折り返し連絡して、確認してみよう」という常識を思い出す。「ちょっと待てよ」というものの見方が必要なのだ。冷静さ、平常心を少しでも取り戻すことで、自分が視野狭窄に陥っていることに気づくはずだ。

「誰かに聞いてみよう」

何事であれ、自分の見方に疑いをもったら、素直に「別の見方」に決断を委ねればいい。

囲碁の世界の話だが、「岡目八目《おかめはちもく》」という言葉がある。実際に碁を打っている人よりも、傍で見ている人のほうが碁の戦況が客観的に見えて、八手先まで読めるという意味だ。囲碁や将棋で、見物者に意見を聞くことは反則だが、勝負事以外なら「岡目八目」を利用すべきだ。

仕事でも、仕事以外でも、冷静な人間は、迷ったり悩んだりしたときに「別の見方」を利用して、より成果を上げたり、正しい方向に物事を導くことができる。自信がなければ「見方の代行」を他人に依頼してみるのもいい。

ある女優が、テレビで面白いことを言っていた。彼女が結婚すべきかどうか迷っていたときのこと。相手はバツイチの性格俳優。結婚相手にふさわしいかどうか、誰に相談したものかと悩んでいた。彼女の父親は著名な噺家《はなしか》で、花柳界とのつきあいも深かった。彼女自身も子どものころから、芸者さんたちに可愛がられて育った。

そこで、芸者さんたちにその恋人を会わせて、人物鑑定を依頼したのだ。彼女たちは、お座敷でたくさんの男たちを見ている。男を見る目は確かだと考えたのだ。

「あの男なら、大丈夫」

そう太鼓判を押され、彼女は結婚を決意した。人物評価の裏づけを「別の見方」に委ねたのである。以来三〇年以上、この夫婦は大きなトラブルもなく結婚生活を続けている。

「別の見方」を信頼して、物事を決めた例だ。

世の中には、何でも自分の目だけで物事を決断し、実行してしまう人がいる。そういう人は、たとえ失敗に終わっても、その結果に対して、すべて自己責任であると受け入れる覚悟がなければならない。

逆に、悩んだときには、セカンドオピニオンとして「別の見方」を自分の判断基準に加える柔軟さも忘れてはならないだろう。迷路に入り込んでしまった自分の目を覚まさせてくれることもある。

未知の世界を「見たい」「見せたい」か

それにしても、日本の下町工場の底力はすごい。

少し前のことだが、東京都や千葉県の中小企業グループが協力して開発した海底探査機「江戸っ子1号」のことである。

房総沖の日本海溝、およそ八〇〇〇メートルの海底から、探査機に取りつけたエサをあさる、見たこともない深海魚の映像が送られてきた。「ヨミノアシロ」という名前の魚だそうである。

私たちは、深海にいる白っぽくて柔らかそうな魚の姿を鮮明な3D画像で見ることができたが、当のヨミノアシロは、深海魚の宿命で目は皮膚の下にほとんど埋没しており、機能は退化していて、目でとらえてエサを食べているわけではないという。

ヨミノアシロはともかく、何でも「見たい」という意欲が人生においては大切だ。

しかし、人間が「見たい」と思っても見られない世界もある。深海もその一つだった。それを可能にした町工場の職人の技術に喝采《かっさい》を送りたい。

「町工場の技術で、こんなすごいことができるということを示せて本当にうれしい。今回の成功が、ほかの町工場の人たちへの刺激となって、日本のものづくりの活性化につながってほしい」（『ＮＨＫ ＮＥＷＳ ＷＥＢ』二〇一三年一一月二五日）

体調を崩したために、実験に同行できなかったグループのリーダー、杉野行雄さんの言葉である。

一四年ほど前に、東大阪市の町工場グループが「まいど1号」という人工衛星開発にかかわったというニュースが話題になった。「大阪が宇宙なら、東京は海底だ」という意気込みで始まった事業だという。

この「江戸っ子1号」の特筆すべき点は、とにかく安くつくられたということ。「江戸っ子1号プロジェクト推進委員会」の公式サイトでは、こう説明されている。

「日本の国土は小さい。61番目なのですが、四方を海に囲まれ、経済的に自由に使える海面、つまり排他的経済水域は、世界で6番目に大きな国です。この海については、深海の生物や海底の微生物、資源などについて知られていないことも多く、その探査はとても重要です。しかし探査装置は高価なものがほとんどで、探査に乗り出すことができない研究者も多くいます」

とにかく安く、そして操作しやすいものをつくることを第一に考えている。実際、投入された探査機の製作費は約二〇〇〇万円。それまでのものに比べると、大幅なコストダウンなのだが、グループではさらなるコストダウンを目標に掲げている。

ホームページで紹介されている「探査装置は高価なものがほとんどで、探査に乗り出すことができない研究者も多くいます」という言葉が実にいい。国立である東京海洋大学もこのプロジェクトに参加しているとはいえ、それほど潤沢な予算が用意されているわけではない。

そうしたかぎられた条件を視野に入れながら、町工場の職人が、探査できない研究者のためにがんばると言っているのだ。お役所仕事では見ることのできない、民間企業のパワーである。

専門的なことは私にはわからないが、深海調査にはさまざまな難しい問題があるらしい。電気装置を正常に動かすこと、何重にも重ねられたガラスの屈折率、水蒸気による「くもり」の問題など、克服すべきポイントは地上で想定するのとは著しく違う。当たり前のことだが、八〇〇〇メートル級の深海など「行ったことも見たこともない世界」である。

そんな壮大なプロジェクトを、大学の研究者ではなく、町工場の技術者が知恵を絞って実現させたのだ。**おそらく、彼らを駆り立てたのは、未知の世界を「見たい」「見せたい」という思いだったに違いない。その思いが、職人魂に火をつけたのではないだろうか。**

テレビのニュースで見ていたのだが、探査機から送られてきた鮮明な画像を認めると、技術者たちはまるで少年のように喜んでいた。元気に泳ぐ「ヨミノアシロ」に負けないほど、大きく体を動かしてはしゃぐ姿が、彼らの達成感を物語っていた。

日本の職人技のすごさを、まざまざと見せつけられた。

はじめて見る鮮明な深海、それを可能にした職人技――。

いずれにせよ、何かを見て素直に感動できるのは本当にすばらしいことである。

「書店サーフィン」で新しい視線をもつ

ひと昔前、「ネットサーフィン」という言葉が盛んに使われた。ご存じだろうが、パソコンの前に座って、インターネットで興味をそそられるページを次々と閲覧していくことだ。「WEB」が「WAVE=波」に似ていることから、そう呼ばれるようになったらしい。

「あいつ、仕事をしてるふりして、一日中ネットサーフィンしてる」

そんな使われ方をされた言葉である。

「ぼくなんか、プロサーファー並みに、一日中ネットサーフィンしてますよ」

ある出版社に勤める知り合いが、自嘲《じちょう》的にそんなことをつぶやいた。人事で編集部を外されたそうだが、編集者としてはかなりユニークな企画を考える人間だった。

私としては、「ずいぶん変わった本を考えるものだ」と感じることはあったが、残念ながら「売れそうな本」と思ったことはない。話を聞くと、閑職に回されたようだ。「もう、きみは本をつくらなくていい」と上司に言われたらしい。

面白い男だが、出版社としては商売になる本をつくってもらえないのだから、それはそれで仕方がないことだろう。クサらずに新しい部署でがんばるように進言したが、ネットサーフィンはやめられないらしい。

「サーフィン三昧《ざんまい》でも、日焼けはしません」

軽口だけは変わらない。

「波と遊びすぎて、溺れないようにね」

私は、そうひと言添えておいた。

会社の仕事もしないで、一日中ネットサーフィンなどをやっていて、よくクビにならないものだと思う。そんな勤務態度が本当なら、普通は即刻クビだろう。

私自身も、ヒマなときにはネットサーフィンをすることがあるが、あくまで企画のヒントや執筆の材料を見つけるためだ。

だが、本当に仕事に役立つのは「ネットサーフィン」ではなく、同じサーフィンでも「書店サーフィン」のほうだと思う。仕事柄、という理由だけではない。本書のなかでも新聞を読むことの有用さを述べているが、どんな仕事をしているかに関係なく、書店に足を運ぶのもとても大切なことだと思っている。

・いま、どんな本が人気があるか肌で感じられる→時代の空気を知る
・予想しなかった好奇心が生まれる→自分の興味の幅が広がる
・多くのジャンルの情報に触れられる→総合的な視野が身につく

たとえば、ふだん小説を読まない人でも、フィクションコーナーで本のタイトルを見たり、ベストセラー作家の作品を立ち読みしたりするときでも、何がしかの刺激を受けることだろう。

世の小説好きが、いまどんな本を好んでいるかもわかる。「ちょっと買ってみるか」という気になることもあるだろう。そこから小説が好きになるかもしれない。

また、何気なく本や雑誌をパラパラとめくってみると、これまで関心のなかった分野でも自分の好奇心を喚起するページに出会うことがある。

たまたま書店で見つけた廉価版の落語ＣＤを購入し、突如として落語の虜《とりこ》になった知人がいる。それまで、落語とはまったく縁のなかった人間だ。それが、いまでは寄席をはじめ、落語をナマで聴く機会を必死になって探している。それ以来、何となく性格的にも明るくなった気がする。

いま、本でもＣＤ、ＤＶＤでも、ネットで注文すれば、宅配便で届く。近くに書店がない人には便利なシステムだが、逆に書店に行く必要がなくなって、どんどん書店がつぶれている。本末転倒である。

かつて、東京の銀座や数寄屋橋にはいくつも大型書店があった。それがいまは、影も形もなくなった。いまもがんばっているのは、松屋前の教文館くらいか。寂しいかぎりである。

大型書店に行ってみるとわかるが、そこでは、あらゆるジャンルの出版物を見ることができる。フィクション、ノンフィクションはもちろん、芸術、科学、医学、経済、法律、児童書から趣味、学習参考書——、数え上げればキリがないほど、バラエティに富んだジャンルの印刷物が置かれている。読まなくても、見るだけで視野を広げるきっかけになる。

四年ほど前、何気なく手にとりページを開いてみた「トリックアート」の本に興味を覚えて、購入した。トリックアートは「エッシャーの階段」の絵のように昇っているのか降りているのかわからないだまし絵のような、人間の目の錯覚を巧みに利用して描かれたものだ。こんな買い方は、長い読書人生でもはじめての経験だった。

以来、トリックアートにハマってしまい、いまでは四冊も購入してしまった。トリックアートの世界に浸ってしまうと、街を歩いていても、ものの見方に変化が生まれる。とくに色に対する視線が変わる。

私は渋谷の道玄坂近くや「109」のあたりを歩くのだが、最近は若い女性を見る目が変わってきた。

それまでは「きれいな脚だな」とか「ミニスカート、大いにけっこう」などと眺めていたもの。それはそれで、目の保養として楽しませてもらっていたのだが、トリックアートに触れるようになってからは、彼女たちのカラーコーディネートに私の目が向きはじめたのである。

「あのピンクは、白地の上に重ねているから薄く上品に見える」「もし、黒地だったらドギツクて下品だろう」「あの子は太めなのに色のコーディネートで細く見せている」「とてもオーソドックスなファッションだが、少しのぞいているカットソーの差し色がきいていて個性的だ」などといった具合である。

大げさに言えば、書店でトリックアートを知ることで、新しい視線を手に入れたのだ。これは「書店サーフィン」の賜物である。

だが、「書店サーフィン」のステージである書店は、平面ではなく、立体空間である。**ちょっと見方を変えるだけで、新しい発見に出会える。だから、いままで見向きもしなかったコーナーにも立ち寄ってみることである。**

「書店サーフィン」は、溺れる危険性のない一流の遊びだ。自分磨きにも大いに役立つし、仕事のヒントも見つかる。暑い夏は涼むには絶好のスペースだ。もちろん日焼けの心配もないから、外に出る仕事なら勤務時間中でもバレることはない。とても重宝なのである。

第2章

「本当」を見抜く力の養い方

「本物を見る」と新しい発見がある

旅に出ると、「本物を見る」機会に恵まれる。

旅が大好きなので、国内外を問わず、忙しい日々の合間を縫っては旅に出かける。性分として、「忙しいから」を、やらないことの理由にしたくないからだ。「忙しいからこそ」時間をつくって、やりたいことをやる。

決めていた仕事のスケジュールを優先させるのではなく、何かをやりたいと思い立ったら、それを入れて仕事のスケジュールを組み立て直す。よほどのことがないかぎり、こと旅に関しては、「忙しい」は実現できない理由にはならない。

旅行雑誌、テレビの旅番組、新聞に載る広告、きっかけはさまざまだが、旅に出たいと思ったらすぐに予約を入れてしまう。原則として、仕事は平日にオフィスで行うことに決めているが、旅の予定を挟んでしまうと、休日も自宅で原稿執筆や原稿チェックをすることになる。でも、やめられない。

旅の魅力は、何といっても新しい出会いだ。旅先での人との交流はもちろん、名所旧跡探訪、地元の名産、そして旅先での風景との出会いがたまらない。自分の目で直《じか》に見ることで、新しい発見が生まれる。

「百聞は一見にしかず」

言い古された言葉だが、これこそが旅の醍醐《だいご》味《み》だろう。

二年ほど前、それを実感した。

大型客船でバルト海をクルージングしながら、北欧、ロシアを巡る旅に出た。スカンジナビア半島の海岸線を眺めながら、かつて、この海で生きたバイキングに思いを馳せ、通り過ぎるドイツの田舎町の風景を眺めては、若いころに愛読したゲーテやヘルマン・ヘッセの作品を思い出したりしていた。

ロシアのサンクトペテルブルクにあるエルミタージュ美術館にも寄った。広大な美術館の大きさに驚かされ、そこに飾られている絵画の量に圧倒された。

一時間や二時間では、とても見きれない。本来、二日がかりで見るのが常識だそうだ。ほとんど速足で回って、さまざまな絵画と出会ったが、レオナルド・ダ・ヴィンチの名作『聖母ブノワ』『リッタの聖母』の前に立ったとき、

「ずいぶん小さい」

そう思った。名作を前にして、いささか失礼ではあるが、偽らざる感想だった。それぞれ四九・五×三一・八センチ、四二×三三センチの作品である。ずいぶん前にルーブル美術館で、はじめてダ・ヴィンチの『モナ・リザ』を見たときにも予想以上の小ささに驚いたものだが、こちらはさらに小さい。

もちろん、構図や色彩、人物の表情が見事であることには感嘆したものの、これほどまでに小さな作品とは想像もしていなかった。

絵画に関しては門外漢だから、これ以上知ったかぶりはしたくないが、門外漢なりの第一印象は「小さい」である。これはこれで、私にとっては新しい発見だった。

世界の名所で、「三大がっかり」と言われている場所があるのは、ご存じの人も多いだろう。想像していたのと、実物との差が大きくて「がっかり」というわけである。

コペンハーゲンの「人魚姫」、ブリュッセルの「小便小僧」、シンガポールの「マーライオン」がそれだ。それまで実際に私が見ていなかったのは「人魚姫」だけだったが、その旅行ではじめて、海へ向かって寂しげに座っている人魚姫を見ても、予想どおりであり、それほどがっかりもしなかった。

ちなみに世界ではなく、日本の名所で「三大がっかり」と言われているのは、どこかご存じだろうか。札幌の「時計台」、高知の「はりまや橋」、沖縄の「守礼の門」だ（最後は長崎「オランダ坂」の説もある）。時計台はビルの間に挟まれて窮屈そうだし、はりまや橋は、いまや欄干《らんかん》だけ。守礼の門は、それこそ門が残っているだけ、といった具合だ。

そんな世界と日本の「がっかり」の実物は、実際、見てみないとわからないから、機会があったら読者の方にも、ぜひ立ち寄ってほしいものだ。

自分が見たことのないもの、想像のなかで描いていたものを現実に見て、両者の間の距離を埋める。そして、そのすり合わせをする。それが、本物や実物を見ることの大きな意味である。物事への理解が深まることもあるし、これまで抱いていた価値観や世界観が大きく変わってくることもある。

本物や実物を見るということは、固定観念を分解するきっかけになる。とくに絵画をはじめ美術品は、本物を見ることだ。そして、自分のなかの古い殻を破る。それが自分の「鮮度」を保つことにつながる。本物や実物を見る習慣を忘れない人生を続けていけば、いつまでも新鮮な発見に出会えるだろう。

それまで原発推進派だった小泉純一郎元首相が脱原発を訴えて、大きな反響を呼んだ。賛否はともかく、主張を一八〇度変えるきっかけになったのは、フィンランドの使用済み核燃料廃棄施設を見てからのようだ。

日本に比べて人口は少なく、同程度の広さの国土をもつフィンランド。地震も少ない国だ。地下四二〇メートルにつくられたその施設は「オンカロ（洞窟）」と呼ばれている。一方、日本は地震大国で、小泉さんが言うように「ゴミ処理施設」さえ決まっていない。

その背景には福島原発事故の惨状があることは間違いない。そして、フィンランドの施設を自分の目で見たことで、小泉さんはこれまでの主張を全面的に覆《くつがえ》したのではないか。それほどまでに「実物」を見たインパクトは衝撃的だったということになる。

「過ちては、改むるに憚《はばか》ることなかれ」

『論語』の言葉だ。人はいくつになっても、自分の過ちに気づいたらすぐに改めるべきという孔子の教えだ。かつては原発推進派であった小泉さんが、この教えに従ったかどうかはわからないが、さすがに柔軟な発想の持ち主であると私は思う。

「Life＝人生」という言葉には、「鮮度」「本物」という意味もある。

私自身も、旅から帰って、人生の鮮度を落とさないように、久しぶりにヘッセの作品を読み直したり、美術全集でエルミタージュ美術館の絵画を眺めたものだ。色彩は本物にはかなわないが、「この構図はすごい」などと新たな発見に驚いた。

「実際に見てみなきゃ、わからない」

生き方の鮮度を保つために、大切なことだ。だから、旅はやめられない。

「見たい」気持ちをもち続ける

「見たい」

　その願望が人類の進歩の原動力だった。

　レオナルド・ダ・ヴィンチが、いまでいうヘリコプターの原型を考えたのは、もしかすると鳥のように上から眺める経験をしたかったからかもしれない。コロンブスが西回りでアジアを目指し、偶然にもアメリカ大陸を発見したのも、大きな大陸があるのではないかという「見たい」思いが、いちばんの動機だったかもしれない。

「見たい」という意欲がなくなったら、人間の鮮度が落ち始めた証拠だと私は思う。

私自身、何でも「見たい」という意欲はいまも健在だ。

　以前、来日したポール・マッカートニーのステージを見に行った。チケットを手に入れた知人が誘ってくれた。正直なところ、ジャズは好きだが、熱心なビートルズファンでもマッカートニーファンでもない。

だが、「見に来てよかった」――コンサート会場を後にするとき、私は強く感じた。二度のアンコールに応えて熱唱するポールの姿に感動したし、私が知るビートルズ・ナンバーも聴けて本当に楽しませてもらった。英語も字幕で出たので理解できた。

そしてビートルズ・ナンバーを披露するとき、メンバーの「ジョン・レノン、ジョージ・ハリスンに捧げる」という言葉に、ビートルズ華やかなりしころを思い出した。

当時、彼は七一歳だった。約四〇曲、三時間近くも歌いながら、ベースギター、アコースティックギター、ウクレレ、ピアノ演奏と、終始エネルギッシュなステージだった。

もちろん、往年の安定した音程や声量、声の伸びこそなかったが、それを補って余りある「何か」があった。

ビートルズ全盛時代のメンバーとの時間、解散前のメンバーとの確執、ジョン・レノンとの距離と彼の悲劇的な死、あるいは私生活でのさまざまなドラマ――。彼が歩んできた歴史の重みと、それに対する思いのすべてが、彼の奏でる音楽に集約されていたように感じた。

五〇年以上もの間、世界の音楽シーンのトップに君臨した人間の威厳と、圧倒的な存在感を肌で感じることができた。私の大好きなジャズでの、マイルス・デイヴィスやキース・ジャレットのナマの演奏に触れたときと同様の感動があった。

そうした感動は、どこから生まれるのだろうか。

「本物に触れること、本物を見ること」は、その本物の背景にあるものも、見て、触れることなのだと思う。言いがたいのだが、本物だけがもつ「深さ」「厚み」「体温」などがそうさせるのだろう。本物という存在は、受け手が実際に見たり、聴いたりするものの奥に何かを連れてくるのだ。

能楽笛方の第一人者・藤田六郎兵衛《ろくろびょうえ》さんは、こう述べていた。

「能も笛も『無形文化』と分類され、『無形』は目に見えないから、価値を計ることが困難だという人がいるけれど、果たしてそれは本当に見えないのだろうか。人が心を動かすもの、それは『有形』と呼ばれようと『無形』と呼ばれようと、目に見えているものの向こう側にある何かだ。それを感じ取ることができた時、人は目で見るこ

とのできない『心』というものを動かされるのだ」（『日本経済新聞』二〇一三年一一月一八日）

　誰でも感じたことがあるだろうが、芸術作品や歴史的建造物、あるいは太古の遺物であれ、本物には、見る者を圧倒する「気」のようなものが漂う。どんな世界でも、偉業を成し遂げた人物や、人々の希望の支えとなる偉大な人物には、凡人にはない雰囲気がある。ある人は、それを「オーラ」と言い、ある人は「後光が差す」とも言う。

　何につけても本物を見ることだ。人間も、またしかり。その人物が本物かどうかは、こちらの審美眼が試されることでもある。

　ときに本物は、目に見えないこともある。だが、間違いなく「在る」のだ。

　世間で本物と言われるものには、見る者を動かす「何か」がある。たとえ、**自分にとって興味の度合いが大きくなくても、本物との出会いは必ず何かを残してくれる。**

　だから、「見たい」という気持ちを忘れないこと。

　私は、ポール・マッカートニーのステージを見て、その思いを新たにした。そして遅ればせながら、はじめて『ホワイト・アルバム』のＣＤを購入した。

自分にはない才能を見抜けるか

どんな世界にも「カリスマ」と称される人がいる。だが、カリスマ的経営者、美容界のカリスマ、脳外科手術のカリスマなどはまだしも、最近はカリスマ高校生とかカリスマ主婦など、ちょっと目立つ才能や技術をもっていれば、いとも簡単にカリスマが誕生する。「何だ！　これは」と言いたくなる。いかにも安直だ。

カリスマとは、もともと人を指す言葉ではない。預言者や呪術者など英雄的指導者の、常人レベルをはるかに超えた「資質」「才能」を指す言葉である。言葉の定義はさておき、企業や組織のなかでカリスマと呼ばれる人物は、大きく分けて二とおりある。

・自分の能力を絶対的なものと考え、ほかの人間の能力を認めない
・自分の能力への自負はあるが、ほかの人間の能力も評価する

この違いは、どこにあるのか。

それは、自分自身を見る目、他人を見る目の違いだ。

前者は、不遜《ふそん》にも自分をカリスマ的資質の持ち主と思い込み、他人の資質を評価せず、自分の意志に反するものを排除する。要するに尊大なのだ。

一方、後者は謙虚で、自分にカリスマ的資質があるなどとは思っていない。まわりが尊敬の念をもって、カリスマと評価する人間である。さらに、まわりの人間の資質を認め、自分に不足している面を補ってもらうことにも、ためらいはない。

前者は自分以外の人間を客観的に見ることができないが、後者はそれができるということだ。前者を頑《かたく》なにそうさせるのは、もとをただせば嫉妬心がいちばんの原因になっていることが多い。こういう嫉妬心の強い人間に仕えるのはつらい。このタイプは「出る杭」を見ると許すことができない。

本来、組織にとって「出る杭」は新しい戦力であって、そうした能力や発想をどんどん取り入れていくべきなのだが、それを認めない。優秀な人間を見ると「寝首をかかれる」と感じてしまうのだろう。

逆に、後者タイプは「出る杭」を重用する。自分に備わっていない能力の持ち主と認めているからだ。ビジネスのシーンで言えば、トップダウン一辺倒の組織か、ボトムアップ体制ができているかの違いである。

この差は大きい。とくに企業のトップがどちらであるかによって、その企業の成長力は違ってくる。前者の場合は、トップが並外れた資質をもっていれば、一定の成功を収めることはできるが、いったん挫折するとなかなか立て直すことはできない。

だが、後者は違う。医師で言えば、いわゆるセカンドオピニオンを採用する体制ができているから、これまでと違う薬や治療法で患者に接することができる。こういうタイプなら、立て直しもうまくいく。

「藤沢武夫という盟友を得たおかげで経営を任せることができ、自分は技術や開発に専念できた。今日のホンダがあるのは藤沢武夫のおかげである」

藤沢武夫という右腕とともに、ホンダを世界企業に育て上げた本田宗一郎は、そう述べている。自分にはない能力の持ち主を見ても、嫉妬心が芽ばえることなどない。能力を素直に評価し、信頼して任せる。正しいカリスマトップのあり方と言える。

こういうトップのいる組織は、いい意味で意見の対立や議論が絶えない。だが、そ

れが理由で、組織の調和が崩れることもない。対立や議論を経て、懸案のプランがよりブラッシュアップされるという好循環を生む。そういう土壌のなかで、トップ以外の多くの有能な人材が育つ。そして、企業は成長する。

トップダウン方式一辺倒で、自称カリスマが君臨する組織は、議論や対立は表面化しない。反論を許す土壌がないからだ。自分と対立する人間や、自分に備わっていない才能の持ち主を排除するからである。そして、イエスマンばかりが残る。そんなカリスマが君臨する企業や組織は、下降線をたどる。

ダイエーの創業者であった中内功《いさお》氏、西武鉄道の堤義明氏などは、その代表と言えるのではないか。

これは企業ばかりか、企業のなかの部署という単位でも同様だ。リーダーがいかに優れた能力の持ち主であっても、カリスマを気取ってトップダウンに固執すれば、その部署の活性化は図れない。

自分に携わっていない才能の持ち主を「正しく見抜く」ことのできない人間は、一流のビジネスマンとは言えないのだ。

医者の「診る力」を見る目が大切

健康であるかどうかは、人生を決定づける大切な要素だ。

病を得ずに一生を過ごせたら幸せなことだが、多くの人は生きている間に一つや二つの大病を患うものだ。

私自身も膵臓《すいぞう》ガンや胃ガン、白内障など、人生で三回の手術を経験している。よい医者に巡り合えたから、いまがあると感謝している。

正直なところ、これまで何度となく医者の診察を受けたが、直感的に「この医者に自分の身体は任せられない」と感じ、改めて別の医者にかかったこともある。

特別に医学の知識があるわけではないが、私はこう考えている。

患者は「その医者が、どんな診方《みかた》をするかを『見る目』が大切」だということ。

まず、じっくりと患者の様子を見る。そして、健康状態や家族を含めた病歴に、しっかりと耳を傾ける医者を選ぶことだ。

医者といっても千差万別。「診立て違い」の犠牲にはなりたくない。可能なかぎり「診立て」の優れた医者に診てもらいたいという思いは、誰でも同じだろう。

実際、私の知人はある病院で診察を受けた折、そのときの症状とはまったく関係のない病気が見つかり、一命を取りとめたという経験をもつ。

彼は三年ほど前から、首の右側から肩にかけて痛みを感じていた。そこだけは、ちょっと触れただけで激痛が走るのだ。自宅の近所で、名医の誉れ高い整形外科医に診てもらったところ、「少し神経が過敏になっているかな。とくに異常はないね」と、湿布薬を処方された。

ライターという仕事柄、パソコンに向かう時間も長く、目や肩、手の酷使が原因だろうと考えていた。睡眠不足も日常茶飯事だ。ところが最近、「血圧がちょっと高いかな」と受診した病院で、重大な病気を抱えていることが判明したのである。

「その先生は内科医なんですが、顔色とか表情をとにかく見る。そして、いろいろと質問してくるんです。それで関係ないとは思ったんですが、首の痛みのことを話したら、触診を始めたんです」

医者の指が痛いところに触れたとき、激痛が走った。すると、医者はこう言ったのだという。

「念のため、脳神経外科の診察を受けてください」

結果、大学病院の脳神経外科で、彼は「神経鞘腫《しんけいしょうしゅ》」と診断された。頸椎《けいつい》に連なる神経を覆う部分に腫瘍が見つかったのである。放っておくと腫瘍が大きくなり、頸椎内の呼吸中枢を圧迫し、突然死する可能性もあるという。彼はただちに手術を受けた。おかげで、いまは完治している。

「病気を見つけてくれた内科医は、いつも混んでいて、予約時間に行っても長く待たされる。患者さん一人ひとりに時間をかけるからです。それこそ、患者が診察室に入ってくるところから出ていくまで、患者の様子を観察しているんですよ」

命を助けてもらった知人は、恩人の医者をそう評していた。

結果オーライだったが、彼はいつからそんな腫瘍ができたのか知りたくなって、最初の整形外科で撮った頸部のレントゲン写真を、手術してくれた大学病院の医者に見てもらったという。

「ほら、ここにきれいに腫瘍が見えるでしょう。これを異常なしと診断するのはちょっと……」

同業者の診立て違いを悪しざまに言うのに気が引けたのか、最後は言葉を濁したが、たとえ整形外科医であれ、きわめて初歩的な診立て違いだったらしい。

「あの病院は診察が早くていいね。待ち時間も短いし」

そんな言葉を耳にすることがある。

「それはちょっと違うのではないか」と私は思う。

病気を「診る」病院は、立ち食いそば屋や、流行りの「一〇〇〇円床屋」とは違う。早さや安さを求めるところではない。

表情や歩き方、動作などから、異常があるかどうかを見抜き、問診に時間をかけて情報を収集し、医者が患者の健康状態を総合的に診断するところだ。

だから私自身、無類のせっかちではあるが、病院で診察を受けるときだけは、待たされても我慢する。「いい診立て」に、時間がかかるのは当然だからだ。レトルト食品のように「三分でハイ終わり」では済まさないはずだ。

時間をかけた問診から、予想される病気の兆しを感じ取るかもしれない。予定時間がオーバーするのは当然だろう。まして、患者の顔をろくに見もせず、パソコンばかり注視している医者は問題外だ。

私自身、医療制度に詳しいわけではないが、「臓器別医学」という言葉に象徴されるように、現代の医学は進歩とともにどんどん細分化された。当然のように「私は専門ではありませんから」と言う医者が増えているとも聞く。

「部品のことには詳しいけれど、なぜクルマが動くのか、なぜ故障するのかといったことに興味のないエンジニアなんかいませんよね」

開業医であるが、週に一度、出身大学の外来診療を担当している知り合いの医者が嘆いていた。

こんな話がある。なだいなださんにまつわるエピソードだ。

彼は精神科医、作家、評論家としてマルチな活躍をされた。

あるとき、なださんは新入医学生を前に、講義をしていた。

「医師たる者、患者の尿をなめるくらいのことができなくてどうする」

そう言い放つと、用意しておいた尿の入ったビーカーに指を入れ、それをなめた。

そして、学生にもそのビーカーを回し、同様に尿をなめるよう促した。学生は渋々、なださんの言葉に従って尿をなめた。すべての学生がなめ終わったとき、なださんはこう言った。

「医者にとって、もっとも大切なのは観察力だ。君たちにはそれが決定的に欠けている。私はビーカーに人差し指は入れたが、なめたのは中指だ」

優れた医者は、トータルな視野で「木も見て、森も見る」のだ。


患者として、いい医者を見抜く目をもつことが、自分の身を守る秘訣と言える。医者の「診る力」を「見る目」が私たちには必要なのだ。

報道から「本当」を知るためのポイント

「テレビっていうのは怖いですね」

競馬評論家の知人が、ため息をついた。

テレビの競馬特集の番組でコメントを求められ、それに応じたのが事の発端だ。

一線級の騎手として順風満帆だった人間が、レース中の落馬事故をきっかけに勝てなくなった。加えて、馬主やその意向に逆らえない調教師との意見の対立なども重なり、有力馬への騎乗機会が減ったことも不振の一因だったようだ。

「年齢的にも曲がり角にきていますから、大きな期待はできない。そんな声もあります。しかし、技術面では折り紙つきです。このところ、騎乗する馬に恵まれないというめぐり合わせの悪さはありますが、まだまだやれるはず。それに、どんなトップジョッキーでもスランプはあることですから」

知人は取材に対して、そのようにコメントした。ところが放映されたシーンは、最初の「大きな期待はできない」でプツリと切られていたというのだ。

間の悪いことに、この番組を当の騎手が観ていた。これをきっかけに、親密だった知人と騎手との関係は、ほぼ絶交状態に陥ったというのである。

「まあ、テレビのやり方には腹が立ちますが、自分が取材を受けたのは事実。弁解したところで仕方がない。誤解がもとで縁が切れるのはちょっとつらいけれど、考えようによっては、それだけの関係だったということですからね」

そう語る表情は、少し寂しそうだった。

その騎手のデビュー当時からのつきあいで、幾度となく大レースに勝利した喜びの酒をともにした間柄。誤解に基づく仲違《なかたが》いだけに、残念そうである。だが、彼は気風のよさと男気で生きてきた人間だけに、弁解がましいことは言わない。

私が思うに、テレビの制作担当者としては、その騎手の限界説という筋書きで番組を展開したかったのだろう。そこで、知人のコメントから筋書きに沿うような部分だけをピックアップして放映したのだ。

私もテレビやラジオ、雑誌などでコメントを求められることがある。実のところ、ほとんどの場合、話したことの十分の一程度しか反映されない。それでも、こちらの真意さえ誤解されなければ問題はない。

私も長年マスコミで生きてきた人間だから、放送時間の制約、新聞や雑誌の場合は字数の制約があることは承知している。その判断は記者たちに任せてもいる。

まれに、こちらの言わんとしたことと似ても似つかないコメントに仕立てられることもある。だが、よほどのことでもないかぎり、同じ業界で生きている人間として当事者に抗議することはない。

テレビやラジオ、雑誌を問わず、何かを表現するということは、表現する制作者の意図が大きく内容を左右する。

表現とは、制作者が意図や感性に基づいて、扱う出来事やテーマに対しての考察を提供するという行為だ。映画や絵画、写真などの芸術も同様だ。

一方で、それを「観る側」は、その前提を常に意識しているとはかぎらない。ときと場合によっては物事の本質を「見失う」ことになりかねない。表現する側は「見せたいもの」を、自分のフレームのなかで拡大して提供し、たとえ真実であっても「見せたくないもの」を隠したり、切り捨てたりする。

人によっては、過度の演出や情報の捏造《ねつぞう》も辞さない。アイドルタレントの顔と別の女性のヌード写真を合成する「アイコラ写真」などは、その一つと言えるだろう。

とくに映像メディアは、レンズをもつ側が自分に都合のいい「観方」を「観る側」に提供する力が強い。


二〇一三年、中国である裁判が行われた。中国共産党の候補だった薄煕来《はくきらい》被告が、収賄や横領などの罪で無期懲役の判決を受けた。

事の真相は別として、私が注目したのは、入廷する薄被告を両側で固める長身の男性二人だった。一説では、元バスケットボールの選手で二メートル近い身長だという。薄被告自身、決して背の低いほうではないらしいが、二人の間ではかなり小柄に見えてしまった。

私には、これが「レンズをもつ側＝裁く側」の強い意図であり、確信的な演出に見えたのだ。報道では、薄被告の政治家としての手腕を高く評価する市民や共産党員もいて、当時の指導者側にとって、薄被告は危険な存在と見られていたというのである。そういう存在を「小物」に見せるための道具が、二人のバカでかい男性だったのではないか。要はカメラをとおして、彼をできるだけカッコ悪く、小物に見せたかったのだろう。

報道にかぎらず、カメラをとおせばこんなテクニックも使えるということだ。

報道を含めた表現という行為には、見せる側の意図があることも知っておくべきだ。レンズをとおした段階で「観方」が方向づけられていることもある。「アイツは悪いやつだ」と報道する側が考えれば、意地悪そうな写真を選ぶし、「アイツはバカだ」と思えば、間の抜けた表情の写真を探すだろう。観る側は、そのことを忘れてはならないと思う。

「悪例を見せて」好結果を生むこともある

「うちくらい大きな組織になると、デキが悪い人間もかなりいます。ご存じのようにコネ入社の社員も多いですからね」

広い意味で、マスコミ業界に属すと言われるある大会社の局長が言う。

「中間管理職は、そんな社員の指導やら教育やらで、大変でしょうね」

私も、かつて働いていた新聞社で「どうしたものか」と思わせる部下をあてがわれ、困った覚えがある。その体験を思い出しながら尋ねてみた。

「いえ、ちっとも大変じゃありません。仕事は、ほかの優秀な社員がダメ社員の何倍もやりますから。何回か教えてもダメな社員は放っておくんです。犯罪者にでもならないかぎり……、とまでは言いませんがね」

彼は、その理由を挙げた。

①その社員がダメだということは、部員全員の共通認識である
②仕事ができないということはライバルではないということである
③優秀な人間はラクをしたいとは思わない
④「あんな人間になるな」という見本として、ほかの人間に見せておきたい
⑤矯正するよりも、会社の利益を上げるために時間を使いたい
⑥世の中には、どうやっても「直しようのない人間」がいる

生き馬の目を抜くような業界でトップを走る会社だけに、上に立つ人間の社員観や割り切り方も大胆である。私が働いていた新聞社は、少人数の記者で猫の手も借りたいほどの多忙さだったから、「戦力外」を放っておく余裕などなかったものだ。

彼に言わせると、そういう人間はほかの社員の何倍もの年月をかけて仕事を覚えるか、いたたまれなくなって、やがて辞めていくしかないという。再教育を放棄する会社である。「戦力外」を養って余りある利益を上げている会社ならではだが、いまどきというかクールというか、恐ろしいと言えば恐ろしい。

彼が挙げたユニークなポイントのなかで、私が注目したのは、④の「『あんな人間になるな』という見本として、ほかの人間に見せておきたい」である。考えようによっては非道とも言える。言葉は悪いが「見世物」にするということだ。「反面教師」というほど立派なものではない。

実際は、偽悪者を演じる彼一流の誇張した表現で、会社での実態はそこまで冷淡なものではないかもしれない。

当事者にとっては気の毒な気もするが、会社というシステムは慈善事業団体ではない。社員がきちんと働いて利益を上げ、分け前をもらうためのものだ。給料をもらえるだけでもよし、としなければならないだろう。

「見本としてほかの人間に見せる」というのは、彼のような特別な大会社の問題としてではなく、会社という組織を離れて考えてみても面白い。

たとえば共同体や学校、地域、集団などで、常識やモラル、何かを実現する意識の共有を図ろうとする。そのとき、共有するのをよしとしない悪例として、少数派の存在を「見せつけ」ることが、多数派の結束を促す効果があることは間違いない。

多数派の力を、より強力にすることになる。

この局長氏は、そのことがわかっているのだろう。

かつて、中曽根康弘内閣で官房長官を務め、「カミソリ」の異名をとった故・後藤田正晴氏について、御厨貴《みくりやたかし》・東京大学名誉教授が『文藝春秋』で語っていた。

後藤田氏が警察庁長官だったとき、過激派学生があさま山荘に人質をとって立てこもる事件が起きた。「あさま山荘事件」である。そのとき、事件現場を延々とテレビ中継していたことを記憶している人も多いだろう。

当時、国民の間には、どことなく学生たちに同情する感情があったと前置きして、御厨さんは語る。やや長くなるが、引用する。

「(後藤田さんは)過激派の連中がライフルを撃ち、火炎瓶を投げる様子を映像で見せれば、その同情は吹き飛ぶに違いない、そう考えたのだと思います。

後藤田さんはテレビのカメラワークをある程度、自由にさせました。過激派のアジトにカメラが入っていくことはできませんから、自然と警察側から過激派を撮ることになります。すると、銃弾や火炎瓶はカメラに向かって飛んでくる。テレビの前にいる国民は、自分が攻撃されているような印象を受けることでしょう」（『文藝春秋ＳＰＥＣＩＡＬ　２０１３年冬号　日本の軍師１００人』）

後藤田氏は、視聴者の「見る力」「見方」の軌道を巧みに変えたということだ。

普通の発想では「見たくないもの」「見せたくないもの」であっても、「見せ方」次第で、他人の視線の方向を変えてしまうことができる。結果として、世論を動かしてしまうことさえもできる。

もし仮に、テレビが過激派のアジトからの映像を放映していたら、事件はどんな展開を迎えていただろう。

画像だけではない。テレビの「音」にも聞かせる側の意図が隠されていることもある。お笑い番組やバラエティ番組などでスタッフと思われる人たちの大きな笑い声が聞こえてくることがある。

「バカか、何がそんなに面白いのか」

私などはしばしばそう感じるのだが、これも「無理にでも笑わせたい」という聞かせる側の意図の表れである。だまされてはいけないのだ。

いずれにせよ、人間の「見る力」は、どこから見るかによって大きく変わってくるのだ。

そう考えると、ダメ社員を放置しておく局長氏は、ビジネス社会においては一流の軍師と言えるのかもしれない。

第3章

仕事ができる人はこの眼力をもっている

「締まりのない目」をするな

「あの人は、顔は笑っていても、目は絶対に笑わない」

名を遂げた大物政治家をはじめ、さまざまな世界で修羅場をくぐってきた人物には「目が笑わない」人が少なくない。口許は緩んでいても、目が鋭い人がけっこういるのだ。

思いつくままに、日本の政治家で挙げてみれば、佐藤栄作、田中角栄の両元首相はその代表格と言っていい。ただ、生前の姿をリアルタイムで見ていない若い世代には、よくわからないかもしれない。

二人は、顔は笑っていても、いつも鋭く光る目をもっていたように思う。そのコントラストは、ほかの政治家には見られないほど際立っていた。そんな人物が、現役の政治家にはいないかと考えてみたが、あまり見当たらない。

「目が笑わない人」と誰かが他人を評するときは、ほとんどの場合、「油断できない人」「怖い人」「他人を信じない人」というニュアンスが含まれている。

だが、家庭内や親しい間柄と違って、仕事の人間関係においては、ときに「目が笑わない」ことも必要ではないかと思う。

誰に対しても「油断するな、怖がらせろ、信じるな」などと言うつもりはない。穏やかで、相手に親しみをもたれるようなまなざしが、コミュニケーションの潤滑油になるのは基本である。だが、ＴＰＯを間違えると相手に誤解を与えてしまうこともある。たとえば、

・かなりシリアスな話し合い
・相手が目上のとき
・相手が親しい関係と思っていないとき
・相手が深刻な悩みを抱えているとき

こんなときは、たとえ自覚がなくても、相手から「目が笑っている」と思われたら、両者の距離は広がってしまうだろう。

「目に締まりがない」

私流に表現すれば、こうなる。

「目は口ほどにものを言う」ということわざは誰でも知っているが、「締まりのない目」は、相手の立場や置かれた状況を考えない無責任さを反映してしまう。ときに無礼にもなる。

「目の色が変わる」という言葉がある。気持ちの変化によって目そのものの色が本当に変わることはないだろうが、経験的に言わせてもらえば、環境が激変したときなど、目の色が変わるほどに、気持ちに変化があるのは確かだろう。

和気藹々《わきあいあい》と会話しているとき、仮に不用意に発した言葉で相手を怒らせてしまったとする。

「何だ、それは！　失礼じゃないか！」

突如、相手の怒声を浴びせられれば、表情は間違いなく変わる。同時に色はともかく、目の表情も変わる。眼球自体の変化かどうかはわからないが、緩んでいた目つきが一瞬にして「締まる」のは確かだ。

実際、鏡の前で実験してみるといい。「うれしい目」「にやけた目」「悲しい目」「怒った目」「真面目な目」などなど。

人は目を使い分けられることに気づくだろう。能の面も、同じ顔なのに、目の角度で表情を変える。政治家や芸能人のようだが、鏡の前で目の表情のバリエーションを確認してみるといい。

「言語と非言語のメッセージが一致していないと相手は不信感を抱きます。そうなると、人は非言語のほうを信じます。『彼はあんなことを言っているが、目つきがおかしい。本心は違うぞ』となるわけです」

企業ＰＲの専門家である田中愼一さんは、かつてそう述べていた。

「目」という非言語のメッセージをナメてはいけない。「笑わない目」をもてとは言わないが、「締まりのない目」をするか「締まった目」をするか——。そこは間違えてはいけないということだ。

ライバルに対する「グッド・ビジネスマンシップ」

仕事に困難はつきものだ。社内のビジネスパートナー、あるいはクライアントとうまく折り合えないとか、競合他社との争いなどもある。いずれも簡単ではない。

社内には、仕事の方向性や進め方などで、自分とは異なるスタンスの人間もいる。ソリの合わない上司、同僚もいれば、言うことを素直に聞かない部下もいるだろう。

「気楽な稼業」として割り切って働いていれば、そんなことは気にならないかもしれないが、ビジネスパーソンとして会社の利益を最優先して働こうと思えば、ときに激しく対立することもある。厳しい試練を迎えることもあるだろう。

社内であれ社外であれ、自分のスタンスと異なる人間と相対するときには、細心の注意が必要である。ライバル対決などというときだ。

不思議なもので、自分がライバルと目する人間は、仕事のスタイルや進め方はもちろん、性格やプライベートでのものの言い方まで、ことごとく違っていたりする。自分が猪突猛進《ちょとつもうしん》型なら相手は用意周到型、自分が冷静沈着型なら相手は熱血型といった具合である。

「あなた自身のライバル」をイメージしてみればいい。タイプが違うからこそ、お互いにライバル視し合う。

こういう関係のなかで仕事をするときに、忘れてはならないことがある。

①正々堂々

②是々非々

③相手への敬意

この三つである。

最初の「正々堂々」は当然のことだろう。世の中には他人を欺いてでも自分の利益を求めたり、のし上がろうとしたりする人間がいる。「よくぞ、ここまで悪知恵が働くものだ」と、さまざまな策を張りめぐらせるタイプである。だが、私の経験から言えば、こういうタイプは、一時は成功を収めても長続きはしない。

「策士、策に溺れる」のたとえどおり。成功するしない以前に、人間として失格である。やはりあの『半沢直樹』スタイルでいくべきだ。

次に「是々非々」。手強いライバルと相対するとき、二流の人間はえてして、そのライバルを感情的に見てしまう。仕事における決断に感情は無用である。ライバルに対しても、「正しいものは正しい、ダメなものはダメ」というスタンスで臨まなければならない。

私のもとには多くの読者から、メールなどでさまざまな悩みの相談が寄せられる。なかには「上司とソリが合わない」「取引先の責任者が好きになれない」「同僚に嫌われている」という、感情面でのトラブルに関する相談も少なくない。

そんな相談に、私はこう答えることにしている。

「仕事の人間関係に『感情のリトマス試験紙』は必要ありません」

これは、ライバルに対してもそうあるべき心構えだろう。好き嫌いなどは関係なく「是々非々」で向き合うべきだ。

最後に「相手への敬意」も大切である。利害は対立するかもしれないが、それはビジネス上のお互いの役割によるもの。立場が違っても敬意を忘れてはいけない。相手のアイデンティティをなおざりにすべきではないのだ。

ビジネスの闘いも熾烈《しれつ》だが、国家の安全を守るために非同盟国の軍隊と相対する人間は、比較にならないほどの緊張感を強いられる。そんななかでも、「正々堂々」「是々非々」「相手への敬意」は求められるようだ。

元海上自衛隊護衛艦隊司令官の金田《かねだ》秀昭さんの体験談が、それを物語っている。まだ東西の冷戦が続いていたころのこと。当時、金田さんは護衛艦の艦長だった。あるとき、宗谷海峡でソ連の巡洋艦戦隊と対峙《たいじ》した。かなり緊張した状況である。そのころ、アメリカとソ連の間では偶発的事故防止協定が結ばれていたが、日本とソ連の間には取り決めは存在していなかった。一触即発の危険性をはらんだ状況である。

「緊迫した状況でしたが、別れ際に相手の司令官と、双眼鏡でお互いを注視しながら礼を交わしたのを覚えています。〈中略〉海軍の常識である『グッド・シーマンシップ』（洗練された海軍文化）が共有されているという一種の信頼関係はありました」（『朝

日新聞』二〇一三年一〇月一一日）

一歩間違えれば、戦争勃発《ぼっぱつ》の可能性がある非同盟国軍とのにらみ合いのなかでも、「グッド・シーマンシップ」が存在したのだ。

経済的利益が最優先のビジネスにおけるモラルと、海軍（海上自衛隊）のモラルを同列に論ずるのは異論もあるかもしれないが、ビジネスにおいても、相手を「見極めて」最低限のルールを守るスタンスだけは身につけておきたいものだ。「グッド・ビジネスマンシップ」も、また大切なのである。

蛇足になるが、二〇一三年一月、尖閣諸島周辺の東シナ海で領海侵犯を続ける中国海軍のフリゲート艦が、日本の護衛艦に火器管制レーダーを照射する事件が起きた。

金田さんは、この非常識を指摘する。中国海軍のレーダー照射についての見解だ。

「『禁じ手』であることは、世界のどこの海軍も理解しています。中国側が事実を否定したのは、海軍内部にそういう理解が浸透していないことが国内外に露呈するのを恐れたからではないでしょうか」（同）

グッド・シーマンシップが共有されていないとすれば、中国海軍は脅威である。

お客に向ける正しい視線の「距離感」

「何やってんの？　まだ飲むんだから」

氷が解けて薄くなり、ほぼ水に近いが、グラスのなかには、わずかにウイスキーの水割りが残っている。新しく水割りをつくろうとしたホステスさんを、こうたしなめた。言われたホステスさんは怪訝《けげん》な顔をしている——。

たしなめたのは、亡くなった噺家の立川談志《たてかわだんし》さん。このエピソードが紹介されていたのが談志さん自身の著書であったか、それとも雑誌のインタビューだったかは忘れてしまったが、私は妙にこのやりとりを覚えている。

なぜなら私自身も、似たような経験を何度もしているからだ。談志さんもそうだったろうと思うが、これは何も意地悪で言っているのではない。ホステスさんにお客を「察する」気持ちがないから、たしなめたくなるのだ。

「もうこれ以上、お酒は飲みたくない」

「濃い水割りはキツイ」

「水でもない、お酒でもない、この微妙な塩梅《あんばい》が好き」

「最後まで飲みほしたい」

などと、理由はいろいろだろうが、とにかく、いま目の前にある自分のグラスを「そっとしておいてほしい」ときがあるのだ。

ホステスさんにしてみれば、接客の基本としてやったことかもしれない。だが、それは早とちりで、客の気持ちを「見誤った」ことになる。うがった見方をすれば、少しでも早くボトルを空にしてニューボトルを入れてもらい、売り上げを増やそうとしているのかもしれない――。

事情はともかく、この手の早とちりは、気持ちよく飲んでいるお客の気分を害するとまでは言わないが、文字どおり「水を差す」ことは間違いない。

ホステスさんのいるクラブだけとはかぎらない。普通の飲食店などでもあることだ。

食事をしながら打ち合わせをしているときなど、食事よりも話に夢中になり、箸の動きが遅くなってしまうことがある。そこに、従業員が皿を下げにくる。料理はわずかであっても残っている。にもかかわらず、勝手に食事は済んだものと判断してのことなのだろう。「お食事はお済みですか」「お下げしてもよろしいですか」のひと言がないのだ。

これは、マニュアルにだけとらわれて、「お客の立場」「お客の見方」が欠けているからだ。クラブのホステスさんはママに、飲食店の従業員は店主や先輩に教わったとおりにやっているつもりなのだろう。

「お客さまに気づかれないように静かに観察して、いま、お客さまは何をしてもらいたいと思っているかを見ているだけですよ」

銀座のあるバーのベテランバーテンダーは、そんなことを言っていた。

長年通い続けているのだが、いつも穏やかに笑みを浮かべて仕事をしている。こちらから話しかけなければ、言葉を交わすこともない。だからといって客を放っておくわけでもない。

「アイリッシュウイスキーとスコッチはどう違うの？」「ロンリコの151ってどういう意味？」などとこちらが尋ねれば、わかりやすく答えてくれる。知り合いと飲みながら、楽しく話をしているときなど、視線が合えば静かに微笑を返してくれる。だが、お客の話に聞き耳を立てている感じでもない。

「何か、おつくりしましょうか」

「チェイサーをお出ししましょうか」

絶妙なタイミングで話しかけてくる。押しつけがましいトーンもない。それほど酒が強いわけでもない私の体調、気分などを量ってくれているようなのだ。的確にお客の気持ちを「見定めて」いる。この静かな目配りが気分を癒してくれる。だからこそ、長年通っているのだろう。

要は、お客とのつかず離れずの距離感と、お客への「察しの視線」がいいのだ。

「礼に過ぎれば諂《へつら》いとなる」

「礼」という、普通なら美徳とされる対応も、あまりに過ぎれば無礼になる。戦国武将の伊達政宗が残した言葉だ。

お客に対する正しい「察しの視線」が、いいおもてなしを生むということ。ただのサービスは、おもてなしではない。これはサービス業にかぎったことではないだろう。

ついでに言えば、流行った「おもてなし」も、ふだんの生活ではなかなか見かけない。旅館などで従業員たちが並んでお客を迎えたりするのは、おもてなしでも何でもない。商売だからやっているのだ。これを、日本の美徳、おもてなしの精神ともてはやすのはおかしい。ビジネス上のおもてなしは、サービス業なら当たり前のことである。

ふだん、マンションなどでエレベーターから降りてきた人が、前で待っている人と鉢合わせになりそうになったとき、「すみません」の言葉とともに軽く頭を下げる。あるいは、同じマンションの住人同士が、道で会ったら「こんにちは」くらい言うのが、日常生活の「おもてなし」だろう。それすらできない人が多いのに、日本人のおもてなしの心を云々するのはおかしいのではないか。

いい機会だ。「おもてなし」をもう一度、見直してみてはどうだろうか。

客が嫌がる「鋭利な視線」

買い物をしようと店に入ると、「待ってました」とばかりに店員が近づいてくることがある。店員に話しかけられるのがイヤで、それだけでソソクサと店を出てしまう人もいるだろう。

そんなとき、英語なら「Just looking」で済む。「見ているだけ」という意味だが、店に入るからには、何か欲しいものがあるのは間違いない。

私自身、洋服を選ぶときでも、気に入ったものが見つからなければ、店員にすすめられても買わない。「別の色はない？」「もう少し大きなサイズは？」「売れ筋はどっち？」などと、いろいろと質問してみる。そうして何着か試着しても、買わないこともある。

そんな私の態度に、明らかに不快な表情を見せる店員もいるが、気にしないことにしている。何となくその場の雰囲気で買ってしまったり、店員に強引にすすめられ財布を緩めてしまったケースでは、結局は着る機会が少なくなってしまうからだ。

要は「見て買う」か「見ても買わない」の二者択一。いずれにせよ、私自身も納得して、気持ちよく店を出たいからだ。

「ゆっくりと自分で見て、選んで、そして買いたい。だが、店員が近づいてくるとビビッてしまう」

気の弱い私の知人は、そんなことを言う。見るだけで買わないと、悪いと思ってしまうのだろう。お客に声をかけて近づいてくる店員も、別に押し売りしようと思っているわけではない。とはいえ、買ってほしいと思うのは当たり前だ。

「見たい」と「買わせたい」の攻防戦である。

私の場合、ビビることはないが、すぐに店員が近づいてきて「何かお探しですか？」「ジャケットでしたら、こちらがおすすめです」などと、矢継ぎ早に声をかけてくる店はあまり好きではない。お客の心理としては、まずはいろいろと見たい。そして、こちらが望んだときに近づいてきてほしいのだ。

そんな店選びのポイントを紹介しよう。主に着るものなどを買うときの心得である。

・お客がいないとき、店員が突っ立っている店は要注意

・店に入っても「いらっしゃいませ」だけで、お客をあまり見ない店

まず、店員が所在なさげに突っ立っていたり、お客が入ってくるのを待ち構えている店は、かなりの確率ですぐに店員が近づいてくる。ゆっくりと商品を見て選ぶことはできない。

では、どういう店がいいかと言えば、店員が商品をたたんだり、商品のディスプレイをチェックしたりしてキビキビ働いている店がいい。

もちろん、それでお客を無視する店は論外だが、すぐにお客に近づかず、店員が「いつも動いている店」は、お客が好きに商品を見て、考えて、選ぶという行動をとりやすい。

「誰だって、暇そうな店の店頭で両手を前に組んで出入り口をじっと眺めている販売員のいる店を見たら、入りたくても入りづらいですよね。なんだか買わされそうな気がするからです。だからこそ、忙しい店を演出するのです」

販売コンサルティングのプロである成田直人さんは、著書『トップ販売員のルール』（明日香出版社）でそう述べている。「まず商品を見たい」「安心できる店か見極めたい」というお客の心理を的確にとらえている。

そして、こうも述べている。

「接客しているとどうしても買ってもらいたいという気持ちが先行してしまい、お客様の真の要望を見逃しがちです。それは、『少し考えたい』という要望です」（同）

お客がモノを買うというのは、「見て」「考えて」、そして「買う」のである。

このお客の一連の動きを無視して、強引に買わせようとする態度を見せれば、お客には買わされるかもしれないという「恐怖心」が湧き出ると、成田さんは指摘する。

そして、こう続ける。

「この負の連鎖が起こらないようにするためにも、手放すことが大切です。『お客さま、少しご自身でお考えになって下さい。また何かお力になれることがあればお声かけ下さいね』と一度離れます。そして様子を見て下さい」（同）

押すばかりが営業ではない。引いたり、動きを止めたりするのも必要ということだ。

ものを売るときのコツでもある。

お客がゆっくりと見て、考えて、選べる店は、成田さんが指摘するように、店員のお客を見る視線が押しつけがましくなく、柔らかいのだ。

売ろう、売ろうとする視線は、知らず知らずのうちにとんがってくる。その「鋭利な視線」は、お客に突き刺さる。「営利ばかり考えた目」になるからだ。

柔らかくいい距離を保った「お客を見る力」は、何も対面販売の場にかぎらない。どんなビジネスでも、「見て、考えて、選ぶ」時間をお客に与えないような方法では、長続きしない。第一、見る時間、考える時間を相手に与えなければ、一度はうまくいっても、リピーターになることはないだろう。

逆に「見て、考えて、買わない」客であっても、きちんと見る時間、考える時間を与えていれば、いずれお客になることもある。

売る側であれ、買う側であれ、こういう視線で相手に接していれば、「win-win」の関係が築けるのだ。

街に出てリアルにお客を見つづける

「どんなに絵が上手くて、ストーリーが面白くても、登場人物のファッションやヘアスタイル、アクセサリーが古くさいと、その作品は読者から支持されないんです」

少女マンガ、成人女性向けマンガの編集を長年手がけていた友人が、そんなことを言っていた。

「ほかにも街の雰囲気や言葉遣いなど、リアルに『いま』を描いていない作品は、読者にとって魅力がない。作者のウソを見抜いてしまうんです」

読者は、想像以上に作品のディテールを見ており、ディテールを重要視しない作家は次第に読者が離れていくのだという。フィクションはもともと「大きなウソ」だが、「小さなウソ」を見抜く読者の目を、甘く見てはいけないということだ。

ジャンルによっても異なるだろうが、読者層である少年や少女、あるいは一般の勤め人や主婦と違って、多くのマンガ家の生活パターンは夜型だ。朝の満員電車に乗ることもないし、毎日、九時から五時まで働くわけでもない。安いランチを求めて行列に並ぶでもない。職場の上司や部下との人間関係に悩むこともない――。

締切りに追われて、仕事場に閉じこもる日々。売れっ子になればなるほど、次第に読者層の人たちが生きている生活空間を肌で感じられなくなっていく。こうした時間の積み重ねは、さまざまな部分で読者のリアルな感覚とのズレを生む。

「だから、どんなに売れっ子作家でも、何とか時間をつくってもらって、街に連れ出したものです。タクシーで駅やバス停まで連れて行って、電車やバスに乗ってもらったり、スーパーに連れて行ったり、立ち食いそばを一緒に食べたり――。読者の目線を、身をもって体験してもらいました」

売れっ子マンガ家ともなれば、一般のサラリーマンの何十倍、何百倍の収入を得る。そこに胡坐《あぐら》をかいていると、いつのまにか読者の共感を得る作品が描けなくなる。その綻《ほころ》びが最初に見えてくるのが、ストーリーとは直接関係のないファッションやヘアスタイルなど小物のウソなのだという。ディテールはバカにできないのだ。

マンガ家にかぎらず、どんな職種でもお客の目線を忘れてしまったら、ビジネスはうまくいくはずがない。たとえ、どんなに高収入を得ても、自分の仕事に関係のある世界を見つづけなければいけないということだ。

社長としてアサヒビールを大きく成長させた故・樋口廣太郎《ひろたろう》さんの印象深いエピソードを、業界紙の記者に聞いたことがある。

樋口さんは、旧住友銀行の銀行マンだった。間違いなく頭取になると目されていたが、当時の住友銀行トップの命令で、系列会社であるアサヒビールの社長になった。

経済界では、銀行マンとしての才能を惜しむ声も上がり、一部には権力争いの結果の人事とも噂された。

しかし、当の樋口さんは、それでクサるような人ではなかった。ビール会社の社長として、自分が何をすべきかを考えた。当時のアサヒビールは、キリンやサッポロ、サントリーの後塵《こうじん》を拝する立場だった。ビール業界のビリ状態である。

樋口さんは、休日ゴルフなどの行き帰りに、酒屋を見つけるとすぐにクルマを停めさせて、トランクに入れておいたアサヒのロゴ入り作業衣を羽織ると酒屋へと入っていった。

「いつもお世話になっております。アサヒの樋口でございます」

名刺を差し出し、丁重に挨拶する。そして後日、新しいビールを送り直すことを約束して、古いビールをクルマに積んで回ったというのである。ビールの味を決めるのは、鮮度だからだ。

樋口さんが立ち去った後、酒屋の店主は名刺の「代表取締役」の肩書を見て驚く。

「こんなちっぽけな店に、アサヒの社長が挨拶に来た」

店主は大感激した。最初は名刺もよく見ないで「このエリアの営業所の樋口さん」くらいにしか思っていなかったのだ。その後、スーパードライの大ヒットで、アサヒビールは押しも押されもせぬビール業界のトップに成長していく。

このエピソードが物語るように、お客の視線に立った樋口さんの経営姿勢が、その原動力になったことは間違いない。

メーカーにとって、ビール一本の利益などたかが知れている。しかし、その一本の積み重ねで会社は成り立っている。売ってくれる酒屋は、大切なお客さまである。どんな仕事でも同じである。

私の仕事も同様だ。拙書を一冊でも買ってくれる読者は、大切なお得意さまである。数年前に伊豆のほうへ一人旅に出かけたときのこと。まだ二〇代らしい若い女性が接客係としてついてくれたのだが、彼女から、拙書『20代でやっておきたいこと』(三笠書房)を買ってくれた話を聞いて、思わず「それはどうも、ありがとうございます」と丁寧にお礼を述べたものだ。

ビジネスパーソンであれば、どんなに大きな会社に勤めていようと、どんなに高い地位にいようと、ビジネスの原点である視線を失ってはいけないということだ。いつでも街に出て、その空気を感じ、自分たちのお客を見つづけること。それが、いいビジネスをしていく必須条件なのだ。

スペシャリストの目、ゼネラリストの目

東京・国分寺市にある日立製作所中央研究所の正門の先に「返仁橋《へんじんばし》」という名の橋があるそうだ。以前は「変人橋」と呼ばれていたと、外車ディーラーの営業マンが教えてくれた。たまに面白い話をもってくるので、暇なときには耳を傾ける。

彼が話してくれた「変人橋」のエピソードが面白かった。

なぜ「変人橋」なのか。科学技術系の研究者は、ひと昔前までは、たとえいくらか常識外れでも世事に疎《うと》くても、ひたすら研究に没頭して独創的な研究成果を上げることが求められた。そのせいか、いわゆる変わり者も多かったのだろう。

そんな変人の研究者たちが働く場所だから、そう呼ばれているのだそうだ。ずいぶんと昔からある橋で、当時は博士課程を卒業した人間が少なかったから「少数派」という意味も込められて「変人橋」となったらしい。

ネットで調べてみたら、この橋を二四年もの間渡りつづけた技術者の記事があった。半導体理工学研究センターの相談役である下東《しもひがし》勝博《かつひろ》氏の話である。「常識的な社会人」でありながらも、技術者として「どうすれば、独創的になれるのか」と考え続けた下東さんは、変人橋に救われたという。

「変人という言葉の由来は、そのままで変わった人のこと。〈中略〉しかし、私の〝変人〟は『人が変わる』と読む。これが私の独創なのだ。正門から橋の手前までが常識的な世界、橋の向こうは人と変わっている発想が必要な独創世界。変人橋はこの二つの世界を結んでいると考えた」（『日経ＢＰ』「Tech-on!」二〇一〇年四月二三日）

こうした考察が、「独創という意識を強烈に私に植え付けた」と語っていた。ビジネスにおいて、交渉事やチームワークが求められる職種なら、現実的に「変人」では生きていけない。

だが、研究者という立場なら、仕事の相手は人間だけではないので、常識をわきまえた「いい人」では評価されない。他人とは違ったユニークな視点で、新製品の開発をすることが第一なのだ。

とはいうものの最近では、下東さんが考えたように、たとえ技術系の人間でも「独創性」ばかりか「常識人」の素養も重要視されはじめているという。

きっかけは、日本が誇る先端技術商品の「ガラパゴス化」だ。ご存じのとおり、日本製の携帯電話が、高性能ばかりを追求した結果、国際規格とは違う高機能化へと進化を遂げた。だが、それがビジネスとして成功するかといえば、そうではない。なぜなら、そこまでの高機能化を消費者は求めていないからである。

大陸やほかの島々から隔絶されたガラパゴス諸島の生物は、独自の進化を遂げた。ガラパゴス化は、世界では売れない日本の高性能商品をなぞらえた言葉だ。

こうした状況が生まれた責任が、研究者にあるわけではない。もともと、メーカーは国内の消費者の需要に応えるだけでよしとしていたからだ。当時のライバルは国内の同業他社。そのなかで勝ち抜くことを研究者に求めた。相対的にメカに強い日本人相手の商品開発は「技術オタク」でよかった。

だが、グローバル化によって、お客がどんな商品やサービスを求めているかを肌で知る必要が出てきた。そんな動きは、一〇年以上前のアメリカで起こった。

当時のアメリカＩＢＭの最高経営責任者であったサミュエル・パルサミーノ氏が、研究者に「街へ出よ」という指令を出したのだ。以来、多くの研究者が営業マンやコンサルタントとともに顧客のもとを訪れ、どんな商品やシステムを求めているかをリサーチしはじめたというのである。その成果はＩＢＭの業績に大きく反映した。技術研究者がこれまでの視線とは別に、サービスする側の視線を身につけた結果だった。

「ただの変人研究者が、『常識的変人研究者』に変身したんですよ」

おしゃべりセールスマンは、したり顔で話をまとめたが、私にとっては興味深い話だった。こうした動きは、ＩＢＭと同じ分野の日本企業をはじめ、多くのメーカーにも徐々に浸透しつつあるのだという。最近、スマホを買った高齢者が、もとの携帯に戻っているケースが少なくないという。使い勝手が悪いからだろう。技術オタクの考えるハイテクがベストとはかぎらないのだ。

どんなジャンルの仕事でも、優れたスペシャリストであることは評価されるべきである。だが忘れてはならないのは、自分のスペシャリティがどんな成果をもたらすかという視点だろう。

そのためには、仕事をする人間の心構えとして、自分の専門分野や得意分野に対する視線だけではなく、自分が門外漢である分野も理解しようとする視線も必要だということだ、スペシャリストの視線とゼネラリストの視線をあわせてもつ人間でなければならないということである。

私たちの世界である出版界でも同じだ。「俺は編集者だ」とばかりに自信ありげな振る舞いをし、他のセクションの仕事への理解、そこで働く人たちへの敬意が欠けている人間は、概して会社への貢献度は低い。

出版社によっては、新人社員を営業部や資材部など編集部以外に配属して、本の制作や販売の現実を学ばせる会社もある。その結果、そうした経験のある編集者は、スペシャリストとゼネラリストの視線を兼ね備えることになる。当然ながら、出版業もビジネスである。そこで働くには、ただの「変人」では使い物にならないのだ。

かの営業マンも、クルマの性能を語らせたら立て板に水だ。そんな彼が、今回はクルマと関係ない興味深い話を教えてくれた。もしかすると、これが彼にとってのゼネラリストとしての一面かもしれない。ただのおしゃべりセールスマンではなさそうだ。

第4章

男と女は「見え方」がどう違うのか

主婦感覚が生きた「女性管理人の目」

「思い切って、採用してよかったです」

知人がうれしそうに語った。初の女性採用者のことだという。

首都圏マンションの管理を請け負う会社の人事部長である。契約している一〇〇棟以上のマンションに管理人を派遣し、マンションの清掃、居住者の苦情対応などの業務をしてもらうのが会社の仕事だ。派遣された管理人は住み込みではなく、通いで業務を行う。

主たる仕事は、マンションの清掃と居住者宅から出るゴミの整理。ゴミ回収車が来る日に、スムーズに回収してもらうことだ。

これまで、採用するのは全員が男性だったが、はじめて女性を採用したところ、居住者からなかなか好評なのだという。

マンション住まいの人はご存じだろうが、かつては夫婦で住み込みの管理人がいるマンションが多かった。現在は通いの管理人のマンションが主流だ。そのほとんどは、定年後のセカンドキャリアとして「マンションの管理人」を選んだ男性が中心。年金だけではゆとりある生活ができない、身体が動くうちは働くなど、その理由はさまざまだろう。

そんななか、彼は六二歳の女性を採用した。女性としては大柄で体力もありそうなこと、それなのに物腰や人あたりの柔らかさを感じさせるところを評価した。二人の子どもを育て上げ、子どもたちが独立したのを機に、もう一度働きたいと思って応募してきたのだという。

「管理人の仕事は、地味な仕事です。誰も見ていないところで、黙々とこなしてもらわなければならない。これは、家庭の主婦の視点と共通するものがある。でも、普通の会社を定年退職して管理人の仕事に就いた男性の場合、その視点がない。なかには管理人どころか、いまだに〝管理職〟気分の抜けない人もいるんです。簡単に言えば、横柄な態度の人もいなくはない」

この女性の起用は成功だった。

「居住者にリサーチしたところ、とても好評なんです。驚いたことに、住んでいる主婦の方たちが、管理人が変わったのにすぐ気がついたと言います。ゴミの集積場がきれいになった。空いたペットボトルを入れておくネットの場所が便利になり、キャップの捨て場所もできた。廊下やエントランスの掃除が以前よりも行き届いているなど、細かい指摘とお礼のメールがありました。居住者の観察力も侮れません」

これまでの男性管理人たちは、教えられたマニュアルどおりに仕事はやったが、それ以上のことはしてくれなかった。

だが、この女性管理人は一味も二味も違う。長年培った主婦の生活視点で、まるでわが家のように丁寧に掃除し、ゴミの集積場も居住者の使い勝手のよさを考えて、レイアウトを変えたりしているのだという。

居住者からのうれしい指摘を受けて、実際にその女性管理人が派遣されたマンションに行ってみた彼は、驚いたという。

マンションの入口に植えられた、手入れの行き届いた花や木々、タイル部分の目地の汚れが消えたエントランス、そして整理整頓された清潔感が増したゴミ集積場、さらに見逃されがちだった駐輪場の清掃――。まるで、マンションが若返ったように感じたのだという。

「有能な主婦の、住居を見る視点というのはすごいものですね」

彼は舌を巻いていた。

管理人はというと、これまでは何となく男の仕事というとらえ方が一般的だった。統計があるかはわからないが、おそらく女性の占める比率は低いだろう。力仕事や汚れ仕事、居住者の相談や苦情対応、トラブル処理という地味で面倒な業務というイメージのせいかもしれない。

だが、この知人は、そんな先入観を払拭して女性の採用に踏み切った。主婦であるこの女性が、マンションの管理人として求められる資質を身につけていると見抜いたわけである。

管理人として改良点を見つけたその女性、それを見極めた知人と管理人の交代に目ざとく気がついた居住の主婦たち。三者三様に「一流の眼力」の持ち主だったようだ。

命を救ったベテラン看護師の「診る目」

「ぼくは、看護師さんに命を救われたことがあるんですよ」

そう言い出した知人がいる。生命保険会社に勤める四五歳。一男一女の父親である。ある小さな地方都市で生まれ育ち、東京の大学を卒業した。

「救われた」のは、彼が中学二年生のとき、もう三〇年以上も前のことになる。

彼は野球部に所属していて、二年生ながらもエースで三番を打つ選手だった。実力は近隣の野球強豪高校も注目するほどで、彼自身もプロ野球選手になることを夢見ていた。

身体の変化に気づいたのは、夏休みのとき。連日、炎天下で練習を続けていたが、いままで経験したことのない頭痛に悩まされた。激痛ではないのだが、ベースランニングの練習でもよく転ぶようになった。

母親と一緒に、地元の国立病院で診察を受けた。

「過労でしょう。少し、野球の練習を休めば治りますよ」

診察した若い医師はそう言って、頭痛薬とビタミン剤を処方してくれた。CT検査もしない。問診も触診もほどほど。カルテの記入に熱心な医者の対応が少し気になったが、心配には及ばないという診断に、彼も母もホッとした。

会計を終えて、薬剤室の前で薬を待っていたところ、診察室で若い医師に立ち会っていた年配の看護師さんが近づいてきた。「忘れ物でもしたのか」と思った彼と母を、人目を気にするように、薬剤室から少し離れたところへ連れていった。そして、こう告げた。

「念のために、大学病院でもう一度、診てもらったらどうでしょう」

彼の母が理由を尋ねた。

「よく転ぶようになったんですよね。足も少し引きずっているようですし……。視界が狭くなっているようなことはないですか？」

言われてみれば、心当たりがある。

数日後、大学病院で受診し直した。検査の診断結果は、なんと「脳腫瘍」。幸い、腫瘍のあった部位は手術可能で、すぐに手術をすれば、術後の後遺症もおそらくないだろうという診断だった。そして、手術は無事に成功した。

残念ながら、彼はプロ野球選手になる夢をあきらめたが、それ以後、大きな病気はしていないという。

「その看護師さんは、苦労の末、旧満州から引き揚げてきた方で、当時は定年間近だったんですよ。四〇年以上、たくさんの患者さんに接してきて、いろいろな症例をご覧になってきたんだと思います」

その看護師さんはすでに亡くなられたそうだが、彼は命の恩人として、いつまでも忘れられないのだという。

私自身も、発見が難しいと言われる膵臓ガンをある名医に見つけてもらい、一〇年ほど前に手術をしてもらった。それだけに、彼の気持ちはよくわかる。

「正直なところ、有能なベテラン看護師は、下手な医師よりも患者を診る目がある」

大学病院に勤務するある医師の言葉だ。有能な彼女、彼たちは、専門的な医学知識こそ医師にはかなわないが、さまざまな患者さんや症例を診てきているだけに、ある種の「診る目」をもっているというのだ。

先の看護師さんが、彼の歩き方の不自然さに気がついたように、迂闊《うかつ》な医師では気にもとめないような症状を、彼女たちは見逃さない。

「『門前の小僧、習わぬ経を読む』なんて言ったら怒られるかもしれませんが、優秀な看護師は、われわれにとってはありがたい存在なんですよ」

もちろん、年季が入っているからといって、すべての看護師がそうだとは言えないだろう。だが、場数を踏むことによって培われた「診る目」は、まだ経験の浅い、若い医師の「診る目」より、よほど頼りになるのかもしれない。

「経験をもたらすのは観察だけである」

一九世紀、クリミア戦争における負傷兵の献身的な看護に従事し、近代看護教育の普及に貢献したフローレンス・ナイチンゲールの言葉だ。

「優れた観察の目」の持ち主には医師免許こそ与えられないが、医師以上に「診る目」がある。これは、医療の現場にかぎられたことではないと思う。

「見ない」という他人行儀の正しさ

「夫には、ほかにつきあっている女性がいるようです。どうすればいいのか、悩んでいます」

そんな内容のメールをいただいた。

読者からは、仕事選びや会社の人間関係などについての相談をメールでいただくが、夫婦関係についての相談はそう多くない。だいたいが、拙書『大人の「男と女」のつきあい方』か『大人の「夫と妻」のつきあい方』（ともにKADOKAWA）を読んだ女性読者からのものだ。

私は、この読者にかなり厳しい内容の返事を出した。なぜなら、彼女が悩むに至るきっかけが気に入らなかったからだ。この女性は、夫の携帯メールを盗み見して、夫の浮気を疑いはじめたのである。

その事実を諌《いさ》めた後で、私は彼女にこう問いかけた。

「あなた自身に問題はないのですか。もし、うまくいかないのなら、離婚を視野に入れて考えたほうがいいのではないでしょうか」

妻側の一方的な主張を鵜呑みにして、「なるほど、ごもっとも」というわけにもいかないだろう。以後、この夫婦の結婚生活がどう決着したかはわからないし、この夫婦の生活や性格などについての細かな事情も、当然のことながらわからない。だが、確実に言えることは、いかに夫婦であっても、相手の携帯やスマホのメールを盗み見することはタブーだということ。

以前、テレビ番組で、ある司会者が名言を吐いたことがある。

離婚したばかりの女性タレントに対して、夫の携帯メールを盗み見して浮気を確信し、問い詰めたことがきっかけで離婚に至ったと告白したときのことだ。

「夫の携帯に妻の幸せはありません」

そのとおりである。もし、私が妻に同じことをされたら、怒り心頭だろう。もっとも、妻の名誉のために言っておくが、そんなことをする人間ではないと信じている。

私自身も、そんなことはやらない。私は妻の財布のなかをのぞくこともしない。たとえば、家にいるときに受取人払いの宅配便が届いたとする。妻が購入したものだ。タイミングが悪く、台所仕事などで妻が手の離せない状態だったとする。そんなとき、仮に私の目の前に妻の財布があったとしても、私はその財布からお金を出して代金を払うことはしない。自分の財布のお金で支払いを済ませて、後で精算してもらう。「そんな他人行儀な」と言われそうだが、それがわが夫婦のスタイルだ。

私は家計費を含め、妻が必要とする額のお金を毎月きちんと渡しているし、それを何に使おうと干渉しないことに決めている。「他人行儀」というなら、まさにそのとおり。夫婦は他人の始まりである。

当然のことながら、妻も私が何を買おうが干渉しないし、私の財布をのぞくこともない。

たとえ夫婦であっても、お互いにプライバシーは尊重し合うのが最低のルールというもの。財布のなかは立派なプライバシーだ。もっとも、着道楽である私が新しい服や靴を買ってくると、「あら、またなの」とあきれることはあるが、それ以上は何も言わない。

よく言われることだが、日本人のプライバシー感覚は欧米諸国のそれと比べ、いたって不明瞭だ。「お互いさま精神」がいい方向に働くこともあるのだが、反面、土足で他人の領域に入り込むようなところもある。

以前、『突撃！　隣の晩ごはん』や『田舎に泊まろう！』のようなテレビ番組が人気を博したことがある。かたや人気落語家が、かたや有名タレントが、予告なしに一般家庭を訪問して、食卓、台所までのぞき込んだり、泊めてもらったりする。

プライバシーに厳しい欧米では、決して成立しない番組だろう。アメリカは以前、ハロウィンパーティで日本人留学生が家を間違えて敷地内に入ったため、侵入者として射殺された事件もあったほど、見知らぬ他人を警戒するお国柄だ。

テレビで放映されたのは、当然のことながら取材を了解した家だけである。もちろん、なかには強く拒否する家もあっただろう。他人の家を突然訪れて、「お宅の晩ごはんのおかずを見せてくれ」とか「ひと晩だけ泊めてくれ」という申し出は、本来ならとても失礼なことである。視聴者が、プライバシーのぞき見のテレビ番組として、無責任に喜んでいたとしてもである。

意地悪な見方をすれば、テレビ局側の申し出に対して強く拒否したり、戸惑いながら難色を示したりすると、その人は融通が利かない人のように見える演出が施されているようにも思える。いかに有名人が訪問したとしても、突然、「家に入れてくれ、泊めてくれ」と言うほうがおかしい。それでも申し出を受け入れる人もいるが、本人の自由だから、私がとやかく言うつもりはない。

他人に対して寛容で、困っている人にすすんで手を差し伸べる日本人の精神は誇るべきだが、それをいいことに安易に他人のプライバシーを侵していいわけがない。

相手がそれを求めていないのなら、気持ちを尊重して踏みとどまるべきだ。それが親子や夫婦という関係であっても、である。

相手が「見られたくない」「見てほしくない」というならば、「見ないという他人行儀」こそ、正しい作法というものだ。

冷たいようで、実はこれが相手にとってはいちばん温かいマナーではないだろうか。

「泰然自若」はできる人の必須条件

・「ありがとう」を自然に言える人
・「ごめんなさい」と素直に言える人
・エレベーターの乗り降りで他人に譲れる人
・お年寄りに優しい人
・威張らない人
・あわてて取り乱さない人
・明るくて元気な人
・清潔な人

これは、幼稚園児や小学生にマナーを教える道徳の授業ではない。
女性だけを集めたセミナーで、参加者に「好感のもてる男性は？」と尋ねたときに返ってきた答えだ。セミナーといっても大げさなものではなく、小さなPR会社を切り盛りする女性社長に頼まれて、一時間ほど話をさせてもらったときのものだ。

いろいろな意見が出たが、以上の八項目については、参加者の誰もが異論を挟まなかった。わずか一八人の女性の意見だから、これで日本中の女性が男の何を見ているかを語るつもりはないが、その見識には少なからず感心した。

それ以外にも、「仕事のできる人」とか「忙しくてもヒステリックにならない人」など、ビジネスシーンでの男性のあるべき姿を挙げる人も多かった。

「明るくて元気な人」「清潔な人」は、ごく当たり前のことだが、そのほかの六項目から浮かび上がってくる「好感のもてる男性像」のキーワードは、「正義」と「泰然《たいぜん》自若《じじゃく》」だろう。

モラルを守り、利己的な行動を慎み、他人に優しく、そして、どんなときでも、どんな局面でも動じることなく冷静さを失わない男性が、多くの女性に好感を与えるようだ。

とくに「泰然自若」は、同性の目から見ても「できる人」必携の要素だと思う。「泰然自若」という言葉は硬いが、意味は「落ち着き払って物事に動じない。安らかで、もとのまま変化せず平気な様子」である。仕事ができて、魅力ある人間に共通の要素と言えるだろう。「泰然自若」の反対語を考えてみるとわかりやすい。

「周章狼狽《しゅうしょうろうばい》」「右往左往」「軽挙妄動《けいきょもうどう》」などである。

あわてて、うろたえて、あっちをウロウロこっちをウロウロ、挙げ句の果てに、是非の分別もなく、軽はずみな行動をとる。

まわりにいるダメな上司、同僚、部下を想像してみるといい。この三つの言葉が当てはまるのではないだろうか。イライラ、バタバタ、ビクビク、ピリピリの行動や態度が目につくはずだ。

仕事でも、仕事以外でも、困難に直面したときやトラブルを抱えたとき、「大変だ、大変だ」と、まわりにアピールするかのように振る舞うタイプ。冷静さを失い、ドツボにはまってしまう。

困難やトラブルは、その本質を冷静に見極めて、原因となっている要素を取り除くことでしか解決できない。冷静さを失うと、ほんの小さな困難やトラブルに対してさえ、対処法を間違えてしまうこともある。

困難やトラブルに出会ったときは、まず「大丈夫、何とかなる」と落ち着くこと。口に出して「大変だ」とあわてるのがいちばんいけない。後から考えると、「なんで、あんなにあわてたのか」と思うほど、アタフタしてしまうのが普通だが、とにかく、まず「何とかなる」と肝を据えることが第一。そこから、「さて、どうするか」と解決の糸口を探っていく。

そしてビジネスパーソンなら、突然のトラブルに見舞われたとき、どんなに小さな出来事でも、まず、上司に報告しておくこと。火が大きく燃え広がってから、自分一人で消そうと思っても、なかなか消せるものではない。それが大火につながったりするものだ。

とにかく「泰然自若」として、冷静な視線をもちつづけることが、解決策を見出す近道なのである。それが、困難やトラブルの表面だけではわからない重大性を見抜くことにもつながる。これができない人間は二流である。

東日本大震災による福島原発事故の折、何をカン違いしたか、ヘリコプターで現場に飛んでいき過剰介入しようとした元首相。

また、命を賭《と》して奮闘している当時の吉田昌邦《まさくに》所長に対し、東京電力本店から、ときに怒声で「おい、吉田！」と叫びながら理不尽な要求を突きつけた経営陣の「周章狼狽」「右往左往」「軽挙妄動」ぶりなどが、いい例である。

未曾有《みぞう》の大事故の現場にいる吉田所長に、「泰然自若」を求めるのは酷な話だが、少なくとも「外野」にいた彼らよりは、はるかに冷静であったはずだ。


「愚者には困難に見えるとき、賢者には容易に見え、愚者には容易に見えるとき、賢者には困難に思える」

優れた人間と、そうでない人間の違いを皮肉ったゲーテの言葉だ。賢者と愚者の視線の違いでもある。

先の「好感のもてる男性」の話に戻れば、女性たちが男性を見分ける目は、かなり的を射ているのではないだろうか。

女性の「見え方」は毒にも薬にもなる

「芸術でも技術でも、いい仕事をするには、女のことがわかってないとダメなんじゃないですか」

なかなかいいことを言う人だと思った。

あるクラブで、隣り合わせて飲んでいたグループの一人が披露した言葉だ。聞き耳を立てていたわけではないが、耳に入ってきた。

だが、あとで知ったことだが、その言葉は本田宗一郎氏の言葉だった。

男と女の違いを数え上げたらキリがないが、「ものの見え方」の違いは、本当に大きいと実感する。違いがもっともはっきり表れるのは、探し物をしているときだ。

たとえば、冷蔵庫の中身を探すとき。わが家でのやりとりを再現してみよう。

「昨日買ってきた、プリン知らないか?」

リビングで新聞を読んでいる妻が答える。

「あるでしょう。バターケースの後ろのほうに」

だが、その後ろを探しても見つからない。

「どこだよ？　ないよ。食べちゃったのかな」

「ちゃんと探しているの？」

業を煮やした妻がキッチンにやってくる。

「あら、やだ。こっちにあるじゃない」

まるで魔法のように、プリンを探し出して、私に手渡す。

冷蔵庫のなかだけにかぎらない。リビングのどこかに置きっ放しにしていた本やリモコン、タンスにしまっておいた靴下、棚のどこかに置いてあるはずの手紙――何かを探すときの視線がまるで違う。この差はどこから生まれるのだろうか。

考えるに、男女を問わず、探し物をするとき、誰でも「たしか、あそこにあるはずだ」という仮説に基づいて探し始める。そこまでは同じなのだが、探し物が見つからなかったときの反応が、男と女ではまったく違うのだ。

男は、仮説が間違っていたことを知るまでに時間がかかる。いつまでもバターケースの後ろばかり探している。

だが、女性は違う。「バターケースの後ろ」という仮説の間違いに気づくと、すぐに自分の視線から先入観を取り払う。そして、上下左右、奥行きすべてに目を凝らし、あっという間にお目当てのものを探し出してしまうのである。場合によっては、冷蔵庫のなかのものをすべて、いったん外に出してしまうことも辞さない。

タンスだろうと、箱だろうと、引き出しだろうと、引っくり返してしまうことにためらいがない。要は、探し物が見つかればいいのだから、男が大切にする仮説などどうでもいいのだ。

男は違う。いつまでも「バターケースの後ろ」あたりを注視している。それでも、探しながらほかの場所にも視線を向けてはいるが、それは単に視線を泳がせているだけにすぎない。だから、自分の目の前に探し物があっても気づかない。なぜなら、そこは「バターケースの後ろ」ではないからである。

これはあくまで私見だが、男の視線は仮説と推理に制御されやすく、女の視線は制御されにくいのだ。いささか乱暴かもしれないが、こと探し物にかぎれば、**男は論理によって視野が狭められ、女は感性によって視野が広がっている**と言えるのではないか。

物探しにおける、女性の「ものの見え方」は見事である。だが、女性の優れた「見え方」が、ときと場合によっては首をかしげたくなるときもある。

ある日、私は駅のホームで電車を待っていた。私の後ろには四人ほどの中年女性のグループが並んでいる。電車が入ってきた。スピードダウンする電車のなかの様子をうかがうと、まばらだが空席がある。

「座れそうだな」

連日の原稿チェックで、やや疲れていた私はそう思った。

だが、その直後、自分の読みの甘さと、一人の女性の驚嘆すべき「ものの見え方」を思い知らされることになる。

電車のドアが開くや否や、グループのリーダーと思しき女性が私の側をスルリと通り抜け、あっという間に座席に座り込んだ。問題はその後である。

彼女は素早く周囲を見渡し、「○○さんは、ここ」「××さんは、あそこ」「△△さんは、あっちね」と、次々と空いている席に座るよう指示を出したのだ。向かいの席はもちろん、ずいぶん離れた斜め向かいの席にまで指をさす。

彼女が指示した先には、あとわずか二歩で私がたどり着ける空席も含まれていた。あっけにとられていたのは、私だけではなかった。同様に、自分が座ろうとしていた空席を、一人の女性の指先だけで「指定席」にされてしまったほかの二人の乗客もまた、私と同じ思いの表情だった。

あまりの早業に、私は異議を唱えるタイミングを失った。

私が座ろうとした席を指定された女性は、さすがに申し訳なさそうに席を譲る素振りを見せたが、もう座ろうという気持ちが私からは消え失せていた。

物探しをする女性の優秀な「ものの見え方」も、座席の独り占め、いや、この場合は三人占めというルール違反をしてしまえば、単なるはた迷惑なだけである。女性の「見え方」は毒にも薬にもなると言えるかもしれない。

第5章

「一流の眼力」はどこに焦点を合わせるのか

一つの地名から想像力を広げる

私は、学歴で人を判断する人間が嫌いだ。一流大学を出ても、賢いと感じさせない人間は多いし、逆に学歴などなくても、知性や教養、品格を備えた人はたくさんいる。だから、私はすすんで他人に学歴を尋ねることはない。なかにはこちらが聞きもしないのに、どこの大学の出身だと話したがる人もいる。私は、その学校が世間でいかに一流と言われていても、驚きも褒めもしない。どうでもいいことだと思っている。

ただ同じ出身でも、出身地はちょっと違う。やはり、生まれ育った場所の文化や風土は、人の考え方や感性に少なからず影響を与えるものだと思っている。あそこの出身だから嫌いだなどという偏見はもたないが、生まれ育った場所を聞くと「ああ、なるほど」と、自分の出身地別タイプ分布と照らし合わせてしまうこともある。

だから、新聞の死亡記事や会社の社長昇格などのベタ記事で、その人の出身地などを目にすると、勝手に想像をたくましくしたりしている。

九州出身者なら「焼酎好きなのかな」、北海道出身者なら「もしかして、納豆に砂糖を入れるのか」、京都出身者なら「甘鯛じゃなくて、グジと呼ぶんだな」などと、地域の特性を思い出したりする。もちろん、出身地がその人の本質を決定的に左右するものだとは思っていない。

少し前、ある人の出身地に関して、親しい知人と話したことがある。

「俳優のすまけいが、亡くなりましたね」

演劇好きの知人が切り出した。一九六〇年代に、フランスのサミュエル・ベケットの『ゴドーを待ちながら』などを斬新な解釈による翻案《ほんあん》、演出で演じた役者だ。私も一度観に行ったが、残念ながら当時の私には、この不条理劇をどう理解すべきかわからなかった。

すまさんは、その後、テレビドラマや映画『男はつらいよ』などにも出演し、存在感のある演技を披露した。魅力的な役者だった。私は、知人がすまさんの役者としての魅力を話し出すのかと思った。だが、彼は意外なことを口にしはじめた。

「新聞で訃報を知ったんですが、あの人、国後島《くなしりとう》生まれだったんですね」

日本人にとっては、北方領土である「千島列島の国後島」である。自国領土として支配するロシアにとっては「クリル諸島のクナシリ島」だろう。彼は、ユニークな視点で話を続けた。

「『国後島生まれ、芸術劇場を経て六六年に「すまけいとその仲間」を結成』と新聞の略歴には出ていたんですが、これって変ですよね」

私には、彼の言わんとしていることがわからない。

「どこが変なの?」

「つまり、もし彼が淡路島の生まれなら、『兵庫県生まれ』とか『兵庫県淡路島生まれ』と新聞は書くんじゃないですか。ただの『国後島生まれ』という表記が、歴史といまの現実を物語っていると思いましてね。都道府県がないわけですから」

彼の着目点は実にユニークであり、かつ国後島の歴史といまの問題の本質をとらえていると私は思った。

拙書での例だが、私の略歴はほとんどが「大阪生まれ」になっている。生まれてすぐ東京に移り住んだが、正しくは「大阪府大阪市○○区」である。だが「大阪生まれ」だけで、カテゴリーとして「大阪府」で生まれたことは伝わる。

北海道国後島と表記されることもあるが、ほとんど国後島には都道府県名がない。そこで生まれたすまさんが、世界中で演じられた『ゴドーを待ちながら』に強い関心を抱いたのは、そのことと無関係ではないかもしれないと知人は言う。

「あの芝居は、いつまでたっても現れないゴドーを待つ二人のやりとりで構成されていますね。ゴドーは最後まで登場しない。つまり、ゴドーは実際に存在する人物かどうか誰にもわからない。すまけいは、旧ソ連、いまのロシアに奪われて訪れることもかなわない生まれ故郷の国後島と、ゴドーを重ね合わせていたんじゃないでしょうか」

彼は、そう話を結んだ――。

私は、すまけいさんの熱心なファンでもないし、ベケットの戯曲を深く読み込んだこともない。だから、彼の主張が的確かどうかを論じる資格はない。

だが、言われてみれば、大きな目で静かに笑うすまさんの表情には、かすかに何がしかの喪失感が漂っていたような気がしてくる。それが、生まれ故郷を訪れることのできない人間の寂しさなのかどうかも、私にはわからない。

そうした思いとは別に、訃報記事の略歴にあった「国後島生まれ」という小さな活字を見ただけで、そこまで想像力を働かせた知人の「眼力」に感心した。

ベタ記事に近い訃報でも、「一流の眼力」によって、想像力を大きく広げることは可能なのだ。

「見ない力」が最上マナーのときもある

若いころ、私は新聞記者として芸能記事を担当していたことがある。当然のことながら、芸能人の恋愛が大きな関心事だった。

当時、夜の銀座や赤坂、六本木を歩いていると、意外なカップルが連れ立って歩いていて、思わぬスクープネタに遭遇することもあった。だから、よほどのことでもないかぎり、ぼんやりとして歩くことはなかった。

仕事を離れても、「何か面白いこと、ないかな」「いい店、ないかな」「いい女、いないかな」という性分だったから、街を歩いているときは、いつもまわりに目を凝らしていた気がする。それは、いまも変わっていないだろう。

ときには、親しかった芸能人の決定的スクープの瞬間に遭遇したこともあったが、「お願い！　頼みます」と拝まれて、見て見ぬふりをしたこともある。

オフィスが東京・渋谷の近くにあったから、若い女性が多い道玄坂下あたりを歩く機会も少なくないので、目の保養には事欠かない。

何でもジロジロと見るわけではない。見てはいけないものに対しては、瞬時に無関心を装い「見ないふり」をする作法も身につけているつもりだ。

ある中国人の女性と私の講演会で知り合った。

講演終了後、拙書のサイン本即売会の席でのこと。買っていただいた方の何人かと立ち話をしていたのだが、そのなかの一人だった。日本の大学で健康学を学ぶために来日して二年ちょっと。だが、日本語は実に堪能だ。

何冊かの私の本は中国語や韓国語にも翻訳されていて、来日前に中国で読んだという。以来、ありがたいことに私の本の愛読者となり、いまは日本語で読んでいるという。その折、彼女がこんなことを話してくれた。

「中国では、日本を悪く言う人も多いですが、みんながそうではありません。私は、日本に来て本当によかったと思っています。自分の行きたいところにはどこでも出かけられるし、私をジロジロ見る人もあまりいません」

　この女性は交通事故の後遺症で、いくらか脚を引きずって歩いていた。話を聞くと、中国では彼女のような人や車イスの人に対して、露骨な視線を向ける人が多いのだという。たしかに、障がいをもつ知人が中国を旅した際、かなり無遠慮な目で見られてイヤな思いをしたと話すのを聞いたことがある。

　何も中国批判をするつもりはない。だが、いかに経済大国にのし上がったとしても、こうした点を含めた社会的モラルが日本、あるいは先進諸国に比べて定着していないのは事実だろう。

　この中国人女性は、日本では障がい者に対する視線が優しいと実感している様子だった。彼女が認める日本人の優しい視線は、誇りに思っていいことだろう。

　そうはいっても、日本人のなかにも無礼な人間もいる。私が障がいをもつ知人と電車の席に座っていた際、「何をジロジロ見てるんだ！」と、向かいに座った無礼な中学生を叱ったことがある。隣の母親は知らん顔だった。

　障がいに対する視線もそうだが、体つき、容姿、服装など自分と異なる外見の人間に対して、無礼な視線を浴びせる人間がいる。

もちろん、なかには「見られたい」という願望から他人とは違った服装やヘアスタイル、あるいは化粧をしている人間もいるだろう。それはそれで納得できるが、逆に、他人にジロジロ「見られたくない」人たちも少なくない。

そういう人に対しては、「気がついても見ない」「見て見ぬふりをする」というマナーで接するのが当然ではないか。社会人としての常識だろう。

「人間にとって、もっとも悲しいのは嫌われることではなく、関心をもたれなくなること」

こんな言葉もあるが、**ときと場合によっては、無関心が相手に対する最上のマナー**ということもある。

「見ない力」も大切なのである。

大切なのは「見た後」に何をするか

かつて、選挙のたびに登場した「ドクター中松」として有名な中松義郎さん。彼は、ポリタンクからストーブに灯油を移し替える灯油ポンプの発明者である。

発明のきっかけは、中松さんの母親が、樽からビンに醤油を移し替えるのに苦労している姿を見たことだと言われている。若い人には馴染みがないだろうが、昔の家庭では醤油を「樽買い」し、樽からビンに移して醤油を小出しにして使っていたものだ。

歴史を遡れば、ニュートンが万有引力の法則に気づいたのも、木からリンゴが落ちるのを見たからだと言われている。

古今東西、樽から醤油を移し替える場面や、リンゴが木から落ちる瞬間を見た人間はたくさんいる。だが、中松さんはポンプを発明し、ニュートンは万有引力の法則を発見した。

この違いは一体、何なのだろうか。

それは、当たり前のことに「なぜ?」という疑問をもつかどうかだろう。「おふくろ、大変だなあ」「あっ、リンゴが落ちた」で終わらないのだ。

人間の生理現象として何かが「見える」ことと、能動的に「見る」ことでは、その後が大きく違ってくる。

ある現象を目にしたとき、その像を網膜に映っただけにしておくのか、網膜に映ったものの意味や理由を考えるかによって、人間の質が決まると言っていい。生きるということは、その積み重ねだ。カギを握るのは、見た後の「なぜ」があるかどうかである。

要は見た後の「洞察」である。

医療機器製造販売のベンチャー企業「ライトニックス」の創業者である福田光男さんも、まさに「見た後」に研究を重ねて、見事に大成功を収めた人である。

いま医療機器メーカーでは「痛くない注射針」は大きなテーマだが、福田さんが一〇年がかりで開発し、商品化に成功したのも「痛くない注射針」だった。

「福田社長は二〇〇二年に同社を設立した。〇七年に注射針を開発すると、安全性を証明する実験と改良を重ね、一二年三月に近畿地方でピンニックスライトの販売を開始。今年八月から全国展開しており、これまでに約一〇万本を売り上げた」(『毎日新聞電子版』二〇一三年一〇月二一日)

この画期的な注射針が「ピンニックスライト」である。

これは主に、糖尿病患者が自分の血糖値を測定するときに使用する。糖尿病の患者は、人によっては一日に何度も血糖値を測定しなければならない。とくに子どもの糖尿病患者にとっては、そのたびに針の痛みはつらい。福田さんの開発した痛くない注射針は、子どもはもちろん、多くの糖尿病患者にとって福音と言える発明なのだ。

福田さんは何を見た後で、この注射針の開発を思い立ったか。それは、なんと「蚊」だったのである。

福田さんは、人間が蚊に刺されても痛くないことに注目した。そして蚊の「針」を徹底的に研究した。よく見ると、蚊の針というのはギザギザに波打っている。それに着目して、まず形状を真似たのだ。

これによって皮下組織との摩擦抵抗が減少し、痛みが大きく減少するのだという。針のサイズも、普通の注射針と違って、長さ〇・九ミリ、幅〇・四ミリの極小サイズである。

さらにすごいのは、その素材だ。これまでの注射針は金属製で、感染が問題視されるため、使用後の廃棄に注意が必要だった。だが、この針は世界初の樹脂製であることと、胴体部と一体化しているために、そのまま安全に焼却できる。

すでに国内では、調剤薬局でも購入できるし、権威ある米食品医薬品局（ＦＤＡ）からも販売許可を得た。アメリカは、日本以上に糖尿病患者の多い国なのだ。

世界規模での使用が見込まれているこの優れものが、蚊を「見る」ことで開発されたのである。普通の人は、刺された跡を見ても「あっ、蚊に刺された。チクショー」で終わってしまう。掻《か》きむしるか、薬を塗るかだけである。

「社会に役立つものを作ろうと取り組んできた。人にも環境にも優しい注射針を世界に広げたい」（同）

福田さんは、そう夢を語っていた。一流の人は、「見た後」がこんなにも違うのだ。

「他人《ひと》に対する目」を自分にも向ける

「人のふり見て、わがふり直せ」

よく言われることわざだが、普通は「他人の好ましくない行為」を見て、自分も気をつけようというときに使われる。たとえば、隣の席で騒ぐ酔っぱらいの醜態を見て「ああは、なりたくない」と背筋を伸ばしたり、上司に段取りの悪さを注意されている同僚を見て、自分のスケジュールを確認し直したり、などのケースだ。

「人のふり」には、悪い面もあるが、よい面もある。よい面を見習うという見方もまた、「わがふり直す」ことになるだろう。

反面教師ではなく、優れた才能をもった教師が身近にいれば、ぜひ見習うべきだ。

ウズベキスタン出身の現役女子体操選手、オクサナ・チュソビチナ選手は、女子体操の全日本団体選手権で朝日生命の優勝の原動力となったことで、注目を浴びた。当時、彼女は三八歳。息の長いトップアスリートだ。アスリートの競技人生は短い。昔より「選手生命」は長くなったようだが、三〇代後半のトップアスリートは、競技にもよるが少数派だろう。

彼女は、一九九二年のバルセロナ五輪からロンドン五輪までの二〇年間、女子体操選手として初の六大会出場を果たしている。北京で銀メダル、ロンドンでは五位入賞と、とくに跳馬は群を抜いていた。

さらには、二〇一六年のリオデジャネイロ五輪にも出場して、跳馬で七位に入賞した。

そんなチュソビチナ選手に、「朝日生命の小さい子を見てほしい」と要請したのは、元日本女子チーム強化部長の塚原千恵子さんだ。スポーツライターの矢内《やない》由美子さんの記事が伝えている（『Yahoo! ニュース』二〇一三年一一月一四日）。

記事によれば、日本の子どもを指導しながら「朝日生命の一員として日本の試合にも出てほしい」と頼まれたそうだ。選手生活を続けるためにも、難病の家族を経済的に支えるためにも、彼女は来日を決めた。

「チュソビチナさんのような選手が海を渡って来てくれているからには、私たちも全力でやらなければいけないと思う」

朝日生命の選手たちは、技術面ではもちろん、メンタル面でも大いに刺激を受けたという。

優れたお手本を見せる人は、周囲に「いい目」も育むのである。

またチュソビチナ選手は、「日本でも二〇歳を超えて体操を続ける選手が増えればいいと思います」と述べていた。日本の女子体操選手は、一〇代が主流。二〇二〇年の東京五輪招致で活躍した田中理恵さんなどは、二五歳で五輪に初出場した遅咲きの選手だ。異色の存在だったが、ほかの女子選手にはない優雅さがあった。

「体操選手にとって、二五歳はとても『オバサン』なのですが……」

五輪招致のスピーチでそう語った彼女だが。二〇一三年末に惜しくも引退を表明した。優美な演技を若手の前で披露し、しばらくお手本として続けてほしかったものだ。

チュソビチナ選手のパワーの原動力は、どこにあるのだろう。

「私は精神的に折れることを感じたことがありませんが、もっと重要なのは周囲にそう見られないことです」

先の記事のなかで、彼女はこうも述べている。

「好きこそものの上手なれ」で、彼女が「練習が好き、体操を愛している」ことが長続きの秘訣だろう。だが、おそらく長い競技生活のなかで、多くの選手が年齢からくる体力の衰えによって挫折していく姿を見てきたのも確かだ。その経験から、衰えと闘うさまを「見せる」のを潔しとしない、という思いも強かったのだと思う。

これも「人のふり」を見た結果の行為だ。そして、いま彼女のそうした「ふり」を見つめる日本の若い目は、高く上を向こうとしている。

「一流の眼力」の持ち主は、他人《ひと》に対する「見る目」を、常に自分にも向けている。

だが最近は、他人の欠点はよく見えるけれど、自分に置き換えて客観的に見ることのできる人が少なくなっているようだ。

「あいつは言い訳が多い」とグチっている相手と同じように、自分も平然と「言い訳」

をしてしまうようなタイプが多くはないか。

他人の欠点に気がつく目をもっていても自分が同様に「見られている」ことを忘れてはいけない。それを「忘れて」しまったら、後に誰もついてこない。

「そとづら」次第で「見切り」をつけられる

「魚をきれいに食べる人間は、雑誌の誌面デザイン感覚に優れている」

そんな持論をもつ人がいた。魚といってもサケやブリの切り身の話ではなく、骨付き丸ごと一匹の焼き魚や煮魚の食べ方である。私自身、骨付きの魚を食べる箸さばきに長けているとは思わないが、だからといって、その人が言うように、レイアウト感覚が劣っているとも思っていない。

だが、「人を見る目」の感覚的尺度を自分なりにもつことは、悪いことではないと思う。相手の第一印象や断片的な特徴で、ある程度の評価が決まってしまうのは仕方がないことだ。仕事やプライベートを問わず、どんな人間相手でも、かかわる人たちすべてを、長い時間をかけて吟味している時間はない。

自分にとって、その人の存在がどういう意味をもつのか。親密な関係になれるのか、それとも知り合い程度にとどまるのか――。

その「篩《ふるい》」は、あくまで感覚的尺度でしかない。

魚の食べ方はともかく、私にとって、オシャレのセンスは一つの篩かもしれない。

私の経験から言うと、初対面で「センスがいい」と見える人は、その後のつきあいの相性が、おおむね悪くない。自分にとって好ましいファッションセンスの持ち主だから、ファッション以外の部分でも共感できるのは当然だろう。

ファッションに好感をもつことができれば、その話に花を咲かせて、気がつけば初対面の垣根が低くなっていることもある。

ファッションばかりではない。穏やかな表情、人なつこい笑顔、誠実そうな話しぶりなど、相手を惹きつける「見た目の魅力」は、いい人間関係を築くためにはとても大切なことだ。

ファッション、表情、態度などの「見た目」に無頓着な人は、それだけでつきあいの入口を狭くしていると言える。

「家族やごく親しい知人を除いて、ほとんどの人とのおつきあいは、言ってみれば『玄関先』で済んでいるのではないでしょうか?」

ビジネスコンサルタントの三枝理枝子《さえぐさ》さんは、著書『人間関係は「そとづら」が9割』(海竜社)のなかで、そう述べている。そのうえで、心得としてこう続ける。

「誰でも、初めて訪れるお宅というのは期待と不安が入り混じっているもの。いい人間関係を築こうと思うなら、やはり迎え入れる側には、それなりの玄関にしておく準備が必要です。

『そとづら』をよくすることで、どれだけチャンスが巡ってくるか。逆に、『そとづら』を悪くすることで、どれだけのチャンスを失っているか、おわかりでしょう」(同)

なるほど、「そとづら」の美学か——。

三枝さんは、ANAの国際線キャビンアテンダントを長く務めた経歴の持ち主だ。職業柄、おそらく一生に一度しか会わないであろう膨大な数の乗客に対して、快適さを提供しなければならない。

言ってみれば「誰もがチャイムを押したくなる玄関」のような「そとづら」でなけ

ればならないわけだ。一流のキャビンアテンダントであるかないかを決めるのは「そとづら」がすべてと言っていい。

気難しいお客もいるだろうし、風変わりなお客も少なくない。

逆に考えれば、自分が「門前払い」をされそうな玄関をもったお客もいるわけである。それでも、いい「そとづら」をしなければならない。

キャビンアテンダントというサービス業は特殊ではあるが、どんな人間にとっても、仕事やプライベートを問わず、「見た目＝そとづら」が、人間関係の唯一の入口であることを忘れてはいけない。

いいファッションセンス、いい表情、いい話し方を身につけたいものだ。若いときから、それらがいい人を見習う。真似をしてもいい。そこから、すべてが始まる。

まず「そとづら」をよくすること。それができないと、人間関係でサッサと「見切り」をつけられてしまう。

「見た目」の第一印象は諸刃の剣

人間にとって「見た目」の第一印象は実に重要だ。とくに、危険をはらんでいるという意味においても重要である。

相手を見るこちらにすれば、初対面で悪い印象をもってしまえば、後のつきあいのなかで、悪印象を拭い去るのは容易ではないだろう。

見られる側も、一度相手から悪い印象をもたれてしまうと、評価を変えてもらうのはなかなか難しい。

第一印象とは、白紙の紙に何かを書き込む最初の一筆のようなもので、インパクトが強い。インパクトの強いものは脳裏に残る。やがて固定化する。社会心理学の世界では、これを「初頭効果」と呼ぶ。

人が他人に対する第一印象を決める要素は、顔、体つき、表情、言葉遣い、服装、態度などさまざまだ。見られる側としては、顔や体つきを「好感仕様」にするには限界があるから、それ以外の部分で、できるだけ好感をもたれるよう心がけるしかない。

では、見る側としてはどうか。

長い人生経験のなかで、私は「初頭効果」の頑固さを、自身でもイヤというほど知っている。第一印象で「感じが悪い」「嫌いだ」という思いを相手に抱き、マイナスの「初頭効果」に縛られてしまうと、結局、自分が損をしてしまうことにもなる。第一印象が、いつも正しいとはかぎらないからだ。

こう決めている。

「自分の第一印象を絶対視しない」

だから、相手から感じの悪さを受けても、こちらからは発しないように心がけている。判断を留保するのだ。

唐突なようだが、初対面の他人とつきあうときは、コース料理を食べるときの心構えのように考えるべきだと思う。

会席料理のコースなら、店によって多少は異なるものの、「先付」「椀物」「刺身」「焼き物」「煮物」「揚げ物」「食事・止め椀・香の物」「水菓子」という順番で供される。たとえば先付を食べて、味が気に入らないからと、料理全体、あるいは料理人の評価をしてはいけないということだ。

先付がまずいからと「マイナスの先入観＝マイナスの初頭効果」をもって、後から出てくる料理に箸をつければ、舌の感覚は素直に料理を味わえないだろう。先付はそれとして、料理全体の判断を急いではいけない。判断は、最後の水菓子を食べた後でも決して遅くはないからだ。先付の後に出された椀物が絶品であれば、先付のマイナスの評価も打ち消され、後の料理への期待も膨らむというものだ。

人づきあいも、同様だ。第一印象でマイナスの初頭効果にとらわれていては、プラスの面が見えてきたときに、対応に苦労することになる。

「マイナスの先入観」を素材にしたテレビコマーシャルがあった。

上司と部下がある会社を訪れ、営業をかける。ところが、相手先のキーマンは取りつく島もない。会社に戻って「○○さんが、あんなに手強いとは……」と二人は思案に暮れる。

そのとき隣の部屋で、話を聞いていた若い部下が「あのう……」と話しかける。若い部下と見て、「いま、忙しいんだ。後にしてくれ」と上司は取り合わない。上司と部下は、さらに困った様子で対策を練るが、妙案は浮かばない。そこに、再び「あのう……」と若手が声をかけるが、「後にしてくれ」と繰り返すばかり。

意を決した若手社員は、こう切り出す。

「○○さんって、××の○○さんですか？」

上司と部下は、驚いて尋ねる。

「何だ、○○さんを知っているのか？」。すると、「はい、釣り仲間で」と答える若手社員。「名刺交換はしたのか？」と上司が聞くと、「はい」と元気に返事をする。上司は、これまでの渋面から笑顔に変わってつぶやく。

「それ、早く言ってよう」

こんなコマーシャルである。広告主は、名刺をはじめとする印刷関連の会社だ。

これも、「あの部下がまさか」という、第一印象に左右された人間の愚かさを象徴したような筋書きである。


スポーツ紙で、プロ野球を担当する記者が面白い話をしてくれた。

「中日ドラゴンズの山本昌《まさ》投手が、四八歳まで活躍できた理由は、あのギクシャクしてゆっくりした投球フォームにあるんです。『あんなフォームなら球速はこの程度だろう』と思わせておいて、バッターの予想をはるかに超えた速いボールを投げる。バッターは思いがけず高速球を投げられた感覚なんですよ。つまり、フォームの第一印象とは似ても似つかない球速についていけないんです」

山本投手は、あの独特なフォームで、間違った第一印象を植えつけておいてバッターを手玉に取ったというわけだ。

亡くなった野球評論家の豊田泰光《とよだやすみつ》さんも、こう指摘していた。

「ロッテの角中勝也が、『一五〇キロくらいをイメージして打席に立った』という球は、楽天・田中将大の剛速球ではなく、一三三キロの中日・山本昌の球のことだった。一六日の交流戦。見逃し三振を喫した一打席目で、球速表示以上のスピードを実感し、次の打席では考えを改めたとのことだった。〈中略〉野球観戦に欠かせない球速表示だが、これがスピードを正確に伝えているとは限らない」（『日本経済新聞』二〇一三年六月二三日）

山本投手は、投球フォームの初動動作から打者が受ける印象やイメージ、あるいは目の錯覚をうまく利用して、打者を料理していたということなのである。

野球の世界における投手と打者の対戦と、仕事での人づきあいを同じ次元で語ることには無理があるかもしれない。

だが、「見た目」で得られた人間の印象というものが、いかに不確かなものであるかを物語る例としては、大いに参考になるエピソードだと思う。

もちろん、第一印象が正しいケースもあることは否定しない。とはいえ、あまりに性急に、第一印象だけで判断するのも間違いのもと。「見た目」の第一印象での判断は、諸刃《もろは》の剣《つるぎ》と言える。

ちなみに社会心理学では、「初頭効果」とは逆に、時間をかけて見た後に得られる情報が物事の判断に影響することを「親近効果」と呼ぶ。その使い分けの巧拙《こうせつ》が、人間関係を左右するのだ。これがなかなか難しい。

第6章

「眼力＝洞察力」の養い方

人を「見下す」と失敗する

第一印象は実に重要である。

「イヤな奴だ」とか「感じがいいな」など、誰でも相手に何がしかの印象をもつ。私自身は第一印象をとても大切にしているので、初対面の人間には言葉遣い、態度、服装などで失礼のないようにしようと心がけている。

相手の第一印象も気になる。無礼だとか、暗いとか、軽そうだとか、真面目そうだなどと、さまざまな印象をもつ。何度か会ううちに、第一印象どおりと思うこともあるし、まったく違っていたと感じることもある。

第一印象はとてもよかったのに、何度か会ううちに「どうも間違いだった」と感じたりすると、ちょっと損した気分にもなる。逆に「イヤな奴」という第一印象だったのに、二度、三度と会ううちに、どんどん好感度が上がるようなタイプだとトクした気分になる。**相手の第一印象が悪いからといって、こちらもそれなりの対応をしてしまうと、その後の軌道修正が大変になる。要は、初対面でも第一印象に左右されずに、きちんとした対応をするべきだということだ。**

とくに仕事においては、第一印象に左右されて対応を決めてしまわないほうがいい。感じがいい、感じが悪い程度のことなら大きな問題にはならないが、その相手が重要なキーマンであることを見抜けずに、第一印象で「軽く見て」、それなりの対応をしてしまうと後で厄介なことになる。

こんな話がある。ある雑誌編集部でのこと。大学の後輩が、その編集部で契約記者として働くことになった。

仕事の初日、彼は張り切って朝一番で編集部に出社した。雑誌編集部の朝は遅い。社員は一人も来ていなかった。年配の男性が二人、編集部の散らかった机を片づけたり、雑巾で拭いたりと、掃除をしている。

「ちょっと、おじさん。○○さんは何時ごろに出社するの？」

彼は編集長の名を挙げて、掃除に熱心な年配男性の一人に尋ねた。

「もうすぐ出社すると思いますが、少しお待ちいただけますか」

そこで、編集部内のソファにどっかり座って待つこと三〇分。「おはようございます」と、お目当ての編集長が出社してきた。そして、ソファに座る彼を認めた。真っすぐ自分のところに来るかと思いきや、編集長は二人の年配男性のほうに向かって言った。

「おはようございます。いつも、申し訳ありません」

意外なほどに丁重である。

「掃除のおじさんにまで気を遣っているんだ。さすが編集長」

感心した彼に編集長が近寄ると、二人の男性にチラリと視線を向けながら尋ねた。

「何か、失礼なこと言ってないよね？　あれ、うちの社長と担当役員だから」

後輩は一瞬にして顔面蒼白になり、返す言葉もなかったという。

その様子を見ていた社長と役員が、穏やかに笑いながら近づいてきた。

「役職が上の人間というのは、掃除くらいしか戦力になりませんからね。毎朝、やっているんですよ。がんばって、いい仕事をお願いしますね」

社長の言葉に、ただただ恐縮しきり、彼は縮こまってしまった。

「大変失礼いたしました。申し訳ありません。精いっぱいがんばります」

後輩は、最敬礼でそう答えるしかなかったという。

「掃除をしている年配男性＝掃除のおじさん」

彼は第一印象でそう思い込み、無礼にも年配者に「タメ口」を叩いてしまったのである。考えてみれば、「掃除のおじさん」や「おばさん」だからといって、ぞんざいな態度をとっていいわけがない。

「いや、いま思い出しても恥ずかしい。赤面の至りです」

以来、彼は相手の外見や地位、職種によって、態度を変えることがあってはならないと肝に銘じたというのである。

彼はその強烈な経験と、役職者が進んで掃除をするという職場にいたく感激し、懸命に仕事に励み、いまやその編集部になくてはならない一線級の記者となっている。

人を「見下す」ことの愚かさを教えてくれた社長は、残念ながらもう亡くなったが、いまでもその社長への感謝と尊敬の念は忘れていないという。

見たことを垂れ流してはいけない

私は決して寡黙なほうではないが、そうかといって、おしゃべりでもない。他人が私に話してくれたことで、たとえ口止めされなくても、プライバシーにかかわるようなら他人には話さない。口はかなり堅いほうだ。

噂話や陰口の類いはたしかに楽しいが、それは互いに秘密を守ることができる、ごくごく親しい間柄だけでの話。さして親しくもない噂好きのおしゃべり人間から「ここだけの話ですが」と前置きされたら、場合によっては、「聞いてしまうと、外でしゃべっちゃうから、聞かないよ」と最初から断ることもある。

ヘタに相槌など打とうものなら、巡り巡っていつか「○○さんも、言ってたんだけどね」と、自分が「○○」に仕立て上げられる。

話が面白いおしゃべり人間とは、ときどきはつきあうが、それでも余計なことは言わないようにしている。

おしゃべり人間の特徴は、見たこと、見えたことを、何も考えずにすぐに口に出すことである。

そういう人間は、しゃべりたくて、しゃべりたくて仕方がないクチだから、いつでも話のネタを探している。そして、人と一緒にいるときは沈黙を怖がる傾向がある。気が弱いから、しゃべることで不安から逃れているのかもしれない。

ある意味では、観察眼は人並み以上にもっているのだろう。だから話していても、相手の表情の小さな変化を見逃さない。そして、瞬時に口にする。これが相手の気に障《さわ》る。

「あれ、何か怒ってるの？」

黙っていればいいものを、ちょっと考えごとをしていたり、忙しくて疲れた顔の人間に余計なことを言ってしまうのだ。

「別に怒ってないけど、いま、その言葉にムカついた」

火に油を注ぐのではなく、わざわざ油に火をつけるのだ。

「ちょっと太った？」

「ストッキング、伝線してるよ」

「元気ないね、昨日なんかあったの？」

「そのネイル、自前？」

たとえば、おしゃべり男はさして親しくもない女性にも無遠慮だ。相手の気持ちなどお構いなしに、場所も選ばず見たままをすぐ口にする。これでは、それが真実であっても、喜ぶ女性など一人もいない。

「見たこと、見えたことは本当だから」

「見て、自分はそう思ったから」

無遠慮な人間の拠り所は、たったこれだけ。この心理は、幼児のそれと同様である。

最近は、ツイッターやブログで、この幼児的おしゃべりをする人間が少なくない。

「タレントの○○が、恋人を連れて自分の勤めるショップに買い物に来た」とか「×

×が何を買った」とか、何の疑問ももたずにつぶやいたりする。「感じ悪かった」とか「そんなにカッコよくなかった」とか、ご丁寧に「観察結果つき」のものもある。よく、まあ、そんなどうでもいいようなことをつぶやくものだと私は思う。バカな政治家、著名人なども、そんな「つぶやき」をする。まさに子どもの感情表現である。

幼稚園から帰ってきて、その日見たこと、あったことを一から十までママに話して聞かせる幼稚園児と変わらない。いや、プライバシーの侵害、公務員の自覚なしという点では、国民の恥でもあるだろう。

「見たこと」「見えたこと」を、内なる自分に秘めておくことができない、このような「垂れ流し人間」には、即刻退場願いたいものだ。もしくは、口にオムツでもしてもらうしかない。

「見ざる、聞かざる、言わざる」——。

少しは日光東照宮のお猿さんたちを見習いなさい、と言いたい。

いつもと別の角度からテレビを「観る」

テレビ番組でよく観るのは、ニュースと報道番組、ドキュメンタリーや旅番組、それにドラマなどだ。お笑い芸人が出るバラエティは、私はほとんど観ない。

テレビを観ていると、仕事のヒントがひらめくこともある。また内容とはまったく関係のないことで、ピンとくることもある。内容とは関係のないことでヒントが浮かぶのは、脳の働きがニュートラル状態にあるからだろう。

そんなときは、忘れないようにメモをとる。メモ用紙はいつも用意している。誰でも経験があるだろうが、仕事に関すること、個人的なことを問わず、ひょんなことでトラブルの解決策やいいプラン、いいひらめきが浮かんでくることがある。

だが、後でゆっくり整理しようなどと考えていると、心に浮かんできたことは覚えているものの、肝心のそれが何であったかを忘れてしまうことがある。

ひらめいた時点では、「忘れるはずがない」と思うのだが、悲しいかな、「ひらめき脳」は気まぐれなのだ。これは、もったいないことだし、自分の脳にも失礼な話である。だから、私はテレビを観るときも、メモ用紙はいつでも手の届くところに置いてある。テレビ出演者の気になる発言、発言者の名前などをメモするのだ。それを、後で調べて企画の参考にしたり、執筆のヒントにしたりする。

「観る→記録する→調べる→考える→役立てる」

これを習慣づけておけば、有益な情報をただ通り過ぎるままにしてしまうことはない。気晴らしでテレビを観るときでも、思わぬ副産物が手に入ることもある。

メモをとらなくても、漠然とではなく何かに役立てるためのツールとして観てみるのもいい。

実際、知人の奥さんは結婚後に専業主婦になったのだが、苦手な料理の腕前を上げるためにテレビの料理番組を長年観続けて、その都度、レシピを詳細に記録した。はじめは家庭でその腕前を披露していただけだが、子どもが独立したのをきっかけに、ＯＬや主婦を集めた家庭料理教室まで開いて、大成功するまでの腕になった。

こんな話もある。以前NHKで放映されていた海外の人気ドラマがある。アメリカNBCの人気ドラマシリーズ、日本では『ER　緊急救命室』というタイトルだった。シカゴの救急病院を舞台に、そこで働く多くの医師や病院職員、患者の人間模様をリアルに描いたものだ。

ハリウッドの大スター、ジョージ・クルーニーも一時期、ドクター役で出演していた。毎回異なる出演者にスポットライトが当たるのだが、主役はアンソニー・エドワーズ扮するグリーン医師だ。ご存じの人も多いと思うが、アンソニー・エドワーズは『トップガン』でトム・クルーズと共演し、一躍スターの仲間入りをした俳優だ。

彼が扮するグリーン医師は、ドラマの終盤に自分が脳腫瘍に冒されていることを悟る。医師である彼は鏡を見ながら、顔面を動かしたり、舌を動かしたり、あるいは自分の会話や発語の変化などを調べた。その結果、自分が脳腫瘍のかなり進んだ状態であることを確信する。

実は、このシーンを観ていたアメリカの視聴者が、自分にも覚えのある症状だと気がついた。そして診察を受けたところ、脳腫瘍が判明。早期手術で一命をとりとめた、というエピソードがあるのだ。

実際の脳腫瘍患者の症状を、アンソニー・エドワーズやスタッフが調べたのだろう。彼のリアルな名演技が、観ていた一人の人間の命を救ったのである。もちろん、その視聴者が漠然とテレビを観ていて、「自分の症状と似ているな」だけで終わっていたら、その後はどうなっていたかわからない。

役に立つかどうかは別にして、中高年層は比較的テレビを観ていると思う。とくに定年退職になったら、テレビはお金をかけないで済む娯楽のひとつだ。**「観方のひと工夫」で、意外な発見がある**かもしれない。

私も仕事がひと区切りついたときなど、よくテレビを観る。ＢＳが中心だが、地上波放送では、テレビ東京のアイデアに感心している。『開運！　なんでも鑑定団』をはじめ、『Ｙｏｕは何しに日本へ？』など、アイデア賞ものだ。テレビを観ていて、「おや、まあ、へえ」を感じたら、忘れずにメモをしておく。新しい発見と整理、考察が仕事はもちろん、さまざまなことに役立つ。

「眺めるだけ」でも新聞は役に立つ

私は折に触れて、新聞を読むべきだと述べてきた。それに対して、一部の読者からは、新聞配達のあり方や偏向性への不信感から「新聞など信じられない」という反論もいただく。

だが、私は「読みなさい」と言ったことはあるが、「信じなさい」と言ったことは一度もない。

手軽に短時間で、社会の動きをはじめ、多くの情報に触れることができるから、新聞は優れていると言いたいだけだ。

新聞が扱うジャンルは、実に幅広い。政治、経済、文化、スポーツ、事件、生活、読者投稿から広告に至るまで、盛りだくさんだ。広告のなかでもとくに、書籍の広告は仕事の情報収集に欠かせないし、週刊誌の広告は事件のアウトラインを知るために効率的だ。読まずに「見る」だけでもいい。書評欄もあるから、私にとって大いに役に立つ。

紙面を読むたびに、「なるほど」「知らなかった」とか「この新聞の立場はおかしい」「この記者は何もわかっていない」など、感心したり、同調したり、反発したりと、読む側の反応はいろいろだ。


大手新聞社の取材網、情報網は、ほかのメディアとは比較にならないほど充実している。

世界の主要国には特派員が常駐しているし、世界中の通信社とのネットワークも網の目のように張り巡らされている。国内の情報網も確立されている。記者の数も多い。

そんな情報網から上がってくるニュースは、実に多種多様だ。読む側の好奇心を刺激してくれる。

もちろん、読む側は全部を信じる必要などない。取捨選択して、自分に必要な情報を取り込めばいい。

新聞の優れた点は、その体裁だ。広げてみれば、ジャンル別とはいえ、雑多な情報の見出しが目に入ってくる。興味を覚えたものは記事を読んで理解を深めればいいし、さして関心のないものなら、見出しを目に触れさせるだけでもいい。少なくとも、要約された情報が入ってくる。そして、記事とは関係のない広告から、思いがけない情報がもたらされることもある。

いい意味で、自然に視野を広げて情報に接することができる情報源として、新聞は非常に優れているのだ。

たしかに知りたいことや知識などは、ネットでわかる。だがネットの検索は、こちらが知りたいと思うピンポイントのことが多い。新聞は、最初のページから順にめくっていくと、ときどき思いがけない小さな記事に目を奪われたりする。

世界各国に派遣されている特派員からの囲み記事などにも「へえー」と思うようなニュースがあったりする。現場の生活者たちの情報も面白い。モスクワ特派員からの囲み記事に「モスクワには白タクが多い」などといった記事があったり、ソウルからは、いまのご時勢に現地の若者たちと日本の若者たちとの楽しげな交流がレポートされたりしている。

新聞の特性を示す格好の例があった。

「和食　WASHOKU　無形文化遺産に」

文化庁が文化遺産と認定するようユネスコに推薦していた「和食」が、無形文化財として登録されたという記事だ。

私はどちらかと言えば洋食が好きだが、旬の素材を使って繊細な味つけが施された和食も好きだ。コブとカツオの出汁などは、和食ならではの淡泊な味のなかに「深み」を感じる。ただ、海外で普通の人に和食と言えば、ラーメンや寿司の類いになってしまう。カリフォルニアロールなどがいい例だ。これでは困る。

本物の和食の味を広めるには、かなりの努力が必要なのではないか。ミシュランの星を得ている『銀座　小十』の主人・奥田透さんが、本物の和食の味を知ってほしいと、パリに出店したのも一つの試みだろう。

日本料理は手間がかかる。面取り、下ゆで、出汁をとり、味つけをして何十分もコトコト煮込む。それで、でき上がるのは大根の煮物だけ――。だが、こうした本物の日本料理を、「フランスで、現地の食材を使い、おいしいといわれるものを作ることができたなら」と、抱負を語っていた。

ちなみに、フランスの魚は「日本では使えないレベル」だという。「活魚」がいないと驚いていた。これも、新聞で見つけた面白い話である（『産経新聞』二〇一三年一二月一一日）。

そして隣の紙面には、曽野綾子さんの、日本料理における筑前煮などの「家庭料理も忘れずに」というコラムが並んでいた。「読み比べる」のも、また面白い。

ともあれ、すでに世界で称賛されている日本の食文化の素晴らしさが、「文化遺産」をきっかけに、さらに多くの人々に認知されるのは喜ばしいことだ。

食べることと言えば、一方でメニューの偽装が話題になったこともある。メニュー表示とは異なる食材を使った料理を提供していたというニュースである。

フレンチや中華料理店のメニューで、「芝エビ」が「バナメイエビ」に、「九条ネギ」が一般的な青ネギや白ネギに「誤表示」されており、ある和食店の「旬鮮魚のお造り三種盛り合わせ」のなかには冷凍マグロが入っていたという。

「偽装」を「誤表示」とはよく言ったものだが、偽装を見抜く目を、ふだん「おいしい、おいしい」と食べていた人たちがもっていなかったことも事実だ。

たしかにロブスターを伊勢エビに、冷凍ものを鮮魚と表示するのは行き過ぎだが、誰もが見た目と舌でだまされていたのではないか。

大きなことを言えたものではない。事実、中華料理などによく使われるエビは偽装とされたバナメイエビのほうが、歯ごたえがあっておいしいのである。

この二つの食を扱った報道が出はじめたころ、ある日の新聞の一面に「和食が文化遺産に」と「料理偽装　返金一億円」の見出しが並んで載っていたことがある。対照的な二つの記事が、一瞬にして目に入ってきた。これが新聞の面白さではないだろうか。

新聞を眺める→目に入ってくる→気になる→読む→情報を摂取する

新聞報道を一方的に信用しないためにも、毎日、新聞を読むことをおすすめする。新聞を広げて「眺める」だけでもいい。このプロセスが手軽にできる新聞は、間違いなく「ものごとを複合的に見る力」の強化に役立つはずだ。

人づきあいで大切な「服を見る力」

はじめて会う人の外見は、大いに気になる。ひと目見て不潔っぽかったり、だらしなかったりするのは論外だが、センスの善し悪しも人物評価の大切な要素だと思う。

私自身、けっこうな着道楽で、長年連れ添った妻はあきらめ顔だ。ヒマがあれば、デパートのメンズフロアや専門店、あるいはアウトレットのショップなどに行っては、気に入った服を買う。着るものと食べるものには、けっこうお金をかけるほうだ。

世の男性のなかには、着るものについては奥さんに任せっきりで、買ってきてもらったものを黙って身につけている人も多いようだが。私はそうではない。ジャケットは、もちろん、シャツや下着、靴下、靴、帽子、すべて自分で見立てて購入する。だから、妻もとやかく言えない。

近年は、ネクタイにスーツという格好はめったにしなくなって、もっぱらカジュアル・スタイルだ。ノータイでジャケットにスラックスというのが普通で、夏はシャツのみ、冬はセーター姿が多い。色は黒やグレー、白を中心に、ちょっと派手めの赤や金茶色を差し色として、ベストやカーディガンなどに使っている。私に言わせれば、どうってことのない普通のスタイルだと思っている。

私は高校生のころにファッションに目覚め、以後、身につけるものは自分で買っている。そのほうが精神衛生上もいい。服好きであることがそうさせているのだが、それには意味がある。

自分が気に入ったものを選んで身につけていれば、他人がどう見るかはさておき、他人と相対するときに自信をもって臨めるのだ。そして、装いを含めて「私はこういう人間です」ということを相手に見せられる。

「趣味が悪い」「似合わない」と相手に思われたとしても、自分で選んだ服なら、それを受け入れるしかない。他人からの「お仕着《しき》せ」であったりすればあきらめがつかないが、といって「自分で選んだわけでもないもので」と弁解するのもおかしい。

ちなみに「お仕着せ」という言葉は江戸時代に生まれた。お店《たな》の主人が奉公人に与える着物で、季節ごとに与えたことから「四季施」という文字が使われることもあるそうだ。接頭語の「お」ではなく、「押し着せ」という文字表記もあるようだ。

いずれにせよ、自分の意志ではなく「押しつけられて着る」ものである。

ファッションセンスの善し悪しは、人間関係において「どう見られるか」という重大要素であることは間違いない。いくら「人間は中身だ」と強弁しても、外見が障害となって、中身の話に入る前に拒絶されたりすれば、良好なつきあいは生まれない。どうこう言っても、「見た目」から入るのが人づきあいの常だろう。

では、ファッションセンスで「見られ方」をどう磨くか。

・まず、ファッションに関心をもつ

・雑誌、テレビに登場する人のファッションに注目する

・ファッション雑誌などをマメに見る

・センスのいい人を見つける

・趣味のいい人に意見を聞く

私自身、有名人や無名人を問わず、雑誌やテレビなどに登場する人たちのファッションにすぐ目がいくが、「いいセンスだな」と感じることもあれば、「シャツの色を変えればいいのに」とか「スタイリストを変えたほうがいい」と感じることもある。

芸能人やテレビのキャスター、アナウンサーなどには、たいてい専属スタイリストや衣装協力のアパレル会社がついている。だから、「ちょっとコーディネートがおかしい」と感じても、必ずしも本人のセンスとはかぎらない。とはいえ、「お仕着せ」状態というわけではないだろうから、本人のセンスも問われるのは当然だ。

そもそも、スタイリストという職業は国家試験があるわけではなく、極端に言うと「私はスタイリストです」と言えば、仕事があるかどうかはともかく、誰もがスタイリストにはなれる。だから、「さすがだな」というスタイリストもいれば、「えっ?」と思う人もいる。玉石混淆《ぎょくせきこんこう》と思っていたほうがいい。

ファッションセンスには、「唯一の正解」というものは存在しない。だから、自分の趣味に合った装いをしている人を見つけることだ。そういう人は、何も雑誌やテレビなどに登場する人ばかりとはかぎらない。会社や取引先にも「センスがいいな」と感じさせる人はいるはずだ。場合によっては、通りすがりの人のなかにもいる。

要は「見る」クセをつけること。そこで見つけたアイテムやコーディネートを真似してみればいい。そういう習慣をつけていくと、いつかファッションセンスも洗練される。注意深く「見る」ことで、「見られ方」にも磨きがかかるというものだ。そうすることで、自ずと自信が芽生える。どんな人に会うときでも「私はこういう人間です」と堂々としていられる。

中身の人間関係はそこから、はじめてスタートするのだ。

「良いものを身にまとうと、人生はよいほうへ向かっていきます。そのとき人は、身のこなしから、洋服のあつかいから、発する言葉から、かもし出す雰囲気までも、少しずつ変化していくのです」

パーソナルスタイリストの政近準子《まさちかじゅんこ》さんは、その著書『一流の男の勝てる服　二流の男の負ける服』（かんき出版）のなかで、そう述べている。そして、こう結ぶ。

「そんな服装のパワーを制したときにまとえる自信のオーラが、きっとあなたに、本質的な輝きを与えてくれるはずです」

服を「見る力」を軽視していては、人間関係における「見方」も「見られ方」も磨かれないし、人間関係において自信が宿ることもない。

「過去のまなざし」を再現してみよう

「えっ、そんな大スターと親しかったんですか？」

「あの大女優と、お茶したことがあるんですか？」

ちょっと気を許して、私の新聞記者時代の小ネタをこぼしてしまうと、「しまった」と後悔することがある。あるいは、出版プロデューサーとしてミリオンセラーを何回か企画したころのエピソードを話してくれなどと頼まれても、あまり気乗りがしない。

昔話が好きではないからだ。

なぜなら、昔話には「創作」がつきものだからである。

成功話には「誇張、脚色」という創作が施され、失敗話には「隠蔽《いんぺい》、偽装」という創作がつきまとう。私自身も昔話を始めると、そうなってしまうことを知っているから、自ら慎むようにしている。

たとえば「あのころはよかった」「いまと違って楽しかった」と過去を美化することで、事実とは違う過去の自分像をつくり上げてしまう。それが、現在の自分への不満を際立たせることにもなる。

たまに、それも短い間、他愛もない思い出話に花を咲かせるのは、精神衛生上も悪いことではないが、どっぷりと浸かりたくはない。

好奇心が旺盛で、明日のことばかりに目を向いている人間にとっては、時間のムダになる。

だが、過去を振り返ることすべてが、悪いとは思わない。

一つは過去の失敗を見つめ直すことの効用だ。単なる思い出話として振り返るのではなく「同じ轍《てつ》を踏まない」ためにも、なぜ失敗したのかを論理的に整理し直してみるのは大切なことだ。失敗経験の敗北感をただ引きずるのではなく、進化の糧とするためである。

もう一つは、過去を振り返ることで、自分が積み重ねてきたものを一度、真っさらにするきっかけにもなる。経験によって得るものはたしかに重要だが、ときに経験は停滞の原因にもなるからだ。

①驚きの減少
②好奇心の衰退
③チャレンジ精神の退化
④新しい発想力の低下

発想力の低下を感じたとき、私が一人旅に出たりするのも、そんな理由からだ。

また、過去を振り返るということでは、自分が生まれ育った場所に行ってみるもの面白いだろう。

私は生まれこそ大阪だが、もの心ついたときから、戦争による北陸の金沢への疎開の時期を除いて、今日までずっと東京で暮らしてきた。小学校から大学を卒業するまでは、東京の下町である日本橋茅場町や錦糸町で過ごした。思い出がたくさん詰まっている街だ。

いまは、いわゆる山の手に居を構えているのでやや疎遠になっているが、それでもときどき、ぶらりと育った街を訪れる。ほんの一部を除いて、街は当時とは様変わりしているが、路地を歩いていると、いろいろな思い出が蘇ってくる。

ほとんどが他愛もないことだが、人間の記憶力の容量や不思議さを実感する。錦糸公園こそ、いまでも賑わっているが、隣にあった大きな精工舎のビルがなくなっていて、愕然としたりする。藤の花の季節になると、亀戸天神《てんじん》に行ってみたくなる。そして近くの船橋屋で「くず餅」を食べたくなる。

そんなとき、ただ街を眺めているだけなのに、漠然と何の意図もなく、新しい企画や執筆のヒントが突然浮かんでくることがある。察するに、自分が幼少期や青春期を過ごした街にいるだけで、「ものの見方」がリセットされるのではないだろうか。タイムスリップするような感覚である。

「目からウロコ」ではなく、「目から澱《おり》」が落ちるのだ。落ちてくるのは経験から生まれた澱。

気がつくと、それまで自分を縛っていた固定観念から脱け出ている。

私がスランプに陥ると旅に出るのは、それと似た感覚でもある。「子どものようなまなざしで物事を見て物事を捉える。そのために常に頭をリセットしているというか、既成概念ってものを、常にこう取り除き続けている感覚」デザイナー・佐藤オオキさんの言葉だ。ＮＨＫ『プロフェッショナル 仕事の流儀』（二〇一三年一一月二五日放送）のなかで語っていた。新しいデザインを考えるとき、状況を打開する方法なのだという。

佐藤さんは、建築やインテリアにおいて、プロダクトからグラフィックまで、ありとあらゆるデザインに挑戦し、いま世界で注目されているデザイナーだ。デザインを手がけた商品やショップが次々と成功を収めていて、バカラやルイ・ヴィトンといった最高峰ブランドの商品もデザインしている。

この放送を見ていて、私自身の、たまの「懐かし故郷探訪」も間違っていなかったと感じた。

ただ後ろ向きに、昔話に時間を費やすのはちょっと侘《わび》しい。だが「ものの見方」に

ついては、過去の視線を再現してみることにも意味がある。新しい発見や発想が生まれてくることもある。老いたまなざしで昔を偲ぶのではなく、少年のまなざしで、いまを見つめるのだ。「子どものまなざし」を決して侮ってはいけない。

人間は、「大人の心」「親の心」「子どもの心」の三つを、大なり小なりもっている。

それを、ときによって前面に押し出してみると、新しい発見が得られるのだ。

「本物」を見抜く力

著　者　　川 北 義 則
発行者　　真船美保子
発行所　　KK ロングセラーズ
　　　　　東京都新宿区高田馬場4-4-18　〒169-0075
　　　　　電話（03）5937-6803（代）　振替 00120-7-145737
　　　　　http//www.kklong.co.jp

印刷・製本　中央精版印刷（株）
落丁・乱丁はお取り替えいたします。※定価と発行日はカバーに表示してあります。
ISBN978-4-8454-2517-4 Printed In Japan 2023